中國現代文學
名家傳記叢書

王兆勝著

生活的藝術家——林語堂

陳信元
張堂錡 策劃

文史哲出版社印行

國家圖書館出版品預行編目資料

生活的藝術家：林語堂 / 王兆勝著. -- 初版. --
臺北市：文史哲,民 91
面： 公分--(中國現代文學名家傳記叢書;8)
ISBN 957-549-426-1 (平裝)

1.林語堂 – 傳記

782.886 91005149

中國現代文學名家傳記叢書 ⑧
陳信元・張堂錡策劃

生活的藝術家：林語堂

著者：王兆勝
出版者：文史哲出版社
http://www.lapen.com.tw
登記證字號：行政院新聞局版臺業字五三三七號
發行人：彭正雄
發行所：文史哲出版社
印刷者：文史哲出版社
臺北市羅斯福路一段七十二巷四號
郵政劃撥帳號：一六一八〇一七五
電話 886-2-23511028・傳真 886-2-23965656

實價新臺幣二八〇元

中華民國九十一年(2002)四月初版

ISBN 957-549-426-1

書系緣起

陳信元
張堂錡

法國詩人兼批評家聖伯甫（Sainte Beuve，1803-1860）曾說：「在批評學上，我覺得使人讀之生快感而增見聞的，最好是替偉大的作家生動而詳實的傳記。……鑽入作家的身心、懷抱，用各種方式使其活動，並觀察他的時代、習慣及生活，這樣，才算得上是個真正的批評家。」也就是說，一個批評家如果不能進入作家的心靈世界，與作家進行一種心領神會的交流，感知其情意，認知其思想，同時對其所處時代、社會、環境種種有深刻的理解，則很難能對作品有剖析精闢的評論。因此，要理解作品，應該先了解作家，而文學傳記正是我們理解作家的重要門徑之一。一部傑出的傳記，理應是融合了作家論、作品論、歷史論、鑑賞論、批評論、創作論等多種功能、技巧或條件於一身的產物。

一個優秀的傳記文學作家，應該是傳主的真正知己，能把傳主的整個人格呈現出來；一部優秀的傳記文學作品，除了文字引人入勝外，更要使傳記中人栩栩如生，散發出動人的力量，透射出豐富的智慧。這除了要靠資料搜羅求其完備的真實性講究之外，善於運用文學技巧進行剪裁、安排、刻劃的藝術性追求，也是不可或缺的基本條件。如果能找到許多位優秀的傳記文學作家，寫出一部部兼具可讀性、史料性、藝術性的傳記文學作品，我們相信對文學研究的深化、作品的廣為流傳，甚至於創作經驗的傳承、熱情的點燃，都將會是極具正面性的嘗試與貢獻。

這是我們的心願，也是我們長期關懷文學發展的理想追求。如今，這個心願與理想，透過《中國現代文學名家傳記叢書》的企劃推出，得到了彌足珍貴的落實。說「彌足珍貴」是真的，學術作品的出版一向不受主流市場的青睞，作家傳記雖然已較通俗可讀，但和那些政治人物、影劇明星內幕八卦的「傳記」轟動上市、旋即再版的「盛況」相比，文學作家傳記確實是有些寂寞，何況相關作家的傳記在市面上已有許多不同版本在流傳，我們能推出這套叢書，若不是文史哲出版社社長彭正雄先生不計成本的支持，以及對這套叢書的內容品質，撰稿群的學養功力深具信心，這個心願是很難達成的。

打開中國現代文學史，魯迅、巴金、郁達夫、曹禺、冰心、朱自清、錢鍾書、林語堂等一連串的名家，他們的人生際遇、生命抉擇、生活型態、創作追求，構築起一座座豐盈、迷人的心靈園林，讓後人流連；他們在時代變動中所發出的光與熱、情與意，也同樣令後人仰望、懷想。他們以自己的生命、作品、藝術理想，為逝去的二十世紀刻鏤下最深刻、也最華麗的印記。他們的傳記，既是二十世紀文學史的縮影，也是現代中國知識分子心路歷程的曲折呈現。認識這些作家，不僅認識了文學，也認識了現代中國，認識了自己。

這些現代文學名家的傳記，在撰稿者秉持設身處地、還原情境、正視後果、多面探掘等原則，並採宏觀與微觀兼具、大歷史與小歷史並重的寫作態度，篇幅不求其厚長，內容卻力求其豐實生動，人物刻劃力求其準確有度的要求下，如今已呈現在讀者的面前。我們澆灌現代文學園圃的用心深意，看來已有了纍纍碩實的成果。

值此世紀回眸之際，我們祈盼新世紀的作家身影不再寂寞，文學可以迎回另一個世紀的璀璨風華。從這個角度看，這套叢書，既是回顧，也是前瞻；既是總結，也是一個好的開始了。

感謝所有的撰稿者，以及為這套書奉獻過心力的朋友。

二〇〇一年元月序於臺北

生活的藝術家——林語堂　目錄

第一章　山鄉、家庭與童年

公元一八九五年十月十日（陰曆八月二十二日清晨五點卯時），在中國福建省南部的一個小鄉村坂仔誕生了一個男孩子，這個孩子就是大名鼎鼎的林語堂。父親見他天庭飽滿，面目平和，與自己又非常相像，就給他起名爲「和樂」。這是林家第五個兒子，當時誰也沒有想到，這個普通孩子日後竟能成爲影響世界的著名作家和學者。

一、山地文化情結

林語堂後來在總結自己的成功經驗時認爲，影響自己最大的因素之一是家鄉的山水。這在他的《八十自敘》和《賴柏英》裡表現最爲明顯。坂仔確實是一塊風水寶地：它位於肥沃的山谷之中，曲面環山，中間有溪流通過，當地人稱之爲「東湖」，也有人稱之爲「銅壺」。在坂仔的南面是一望無涯的十尖山，無論晴雨都籠罩著一層層的雲煙，這對林語堂的文化觀影響很大。比如，林語堂一生酷愛抽煙，常在香煙繚繞中體味生命的意味。還有林語堂對自由的偏好，對絮語體的喜愛，都可以從這裡找到因緣。在坂仔的北面是峻峭的石缺山，這裡懸崖絕壁，高聳入雲。林語堂說，每年的冬天狂風從這俗名為「狗牙」的峽谷吹來，這是「人和上帝可以神交」的時候。林語堂還滿懷激情地說：「我家附近是眞正的高山，不像新加坡的這些小丘陵。眞正令人敬畏，給人靈感，誘惑人的高山。一峰連著一峰，神祕、幽遠、壯大。」（《八十自敘》）在此，我們可以看出林語堂心目中「高山」和「上帝」早年對他的深刻影響。

由於家鄉山水的與衆不同，從而形成了林語堂獨特的山水文化觀。林語堂曾在《賴柏英》等作品中多次提出他的「高地人生觀」，並以此來否定「低地人生觀」。他認為，一個生長在高山裡的人，他的血液裡就融入了一種正確的人生觀。你看到一幢摩天大樓，你就會拿它與心中的高山比高，此時的摩天大樓就會顯得荒謬而渺小。而低地人生觀則是扁扁的，就在地面上，總是往下看而不往上看的。有一次，林語堂在高山上俯瞰山下的小村莊，而山下的情景令他驚奇不已：村子裡來來往往的人，此時小如螞蟻，由此形成了林語堂對人的本質的初次體認和理解。或許這是他悲劇人生觀最早的雛形。也由此，林語堂認識到自己將來的發展方向，即一定要走出這個封閉的峽谷，而到外面的大世界去看一看。

溪河之水在林語堂心目中也有著不可磨滅的印象。西溪雖然河道不深，但水枯季節卻相當好玩。婦女在這裡洗衣洗菜，水牛在這裡棲息，孩子在這裡嬉戲。還有那鵝卵石、水草和魚蝦，有在地面上自由行走的赤裸的腳踝。這些都是美的象徵深深地鐫刻在林語堂的心田裡，從而決定了林語堂的審美境界。

林語堂曾在《四十自敘》裡做過一首打油詩，表達了自己對家鄉山水的痴愛之情。這首詩是這樣寫的：

我本龍溪村家子，環山接天號東湖；
十尖石起時入夢，爲學養性全在茲。

可以說，家鄉山水在林語堂這裡不只是一種生活背景和環境，事實上它具有「根」的意義：林語堂的文化觀、生命觀、宗教信仰、人生觀、審美趣味和價值理想都與此息息相關，所以，他經常自稱是「山地的孩子」。林語堂曾說過自己是「一團矛盾」，由此說明他的複雜性和矛盾性，但如果從山水情結角度切入，林語堂的許多矛盾性都可以得到較好的梳理和解決。

二、樂天派的父親

林語堂的祖父原是漳州薌城區五里沙的一個村民，太平天國時被太平軍拉去當了挑夫，以後就杳無音信，再也沒有回來。父親林至誠藏在床下才得以倖免。以後，林語堂的祖母將小兒子送給鼓浪嶼的呂醫生，因爲受到良好的教育，這個小兒子後來考上了舉人，這件事一直就成爲林家人的驕傲。

林語堂的父親林至誠一直與他的母親相依爲命，母親活著的時候，他們住在離漳州約十五里路的五里沙。爲了生計，林至誠開始是個小商販，有時賣些炸豆子，有時賣點甜食，還有時將竹筍挑到漳州去賣。他肩膀上的一個大疤痕就是這樣留下來的。有一次，信奉基督教的母親讓兒子林至誠爲一位教友挑一擔行李，這位教友對年歲還小的林至誠毫不留情，不但不幫助他，一路上還這樣說：「乖，你挑得動。這才乖。」林至誠還是一個熱心腸的人，他常常愛好爲人打抱不平，曾有一次與當地一個稅務官吵了一架，原因是這個稅務官欺負一個賣柴的山裡人，隨意向他加稅。那個稅務官看到林至誠德高望重，答應少收賣柴人的稅收。對於林語堂來說，父親的吃苦耐勞、樸厚誠實和爲人正直以及敢於主持公道的性格對他的影響甚大。

父親林至誠信仰基督教，後來成爲一位鄉村牧師，這對於林至誠一家對於林語堂本人，都具有決定性的意義。比如，林語堂一家每天晚上要讀《聖經》和做禱告，童年時期他常常探討「上帝」有無的問題，尤其父親從基督教刊物《通問報》上了解了上海聖約翰大學，於是才有可能產生這樣的夢想：讓林語堂讀聖約翰，讀哈佛，以便成爲一個名人。爲了實現這一夢想，林至誠眞正地去實行了。因爲缺少一百個大洋的學費，他竟向自己早年的學生借錢。後來的林語堂每每想起此事，總是浮想聯翩，心頭湧起對父親的敬佩和感激之情：這是一個多麼有眼光和夢想的父親啊！所以，林語堂曾表示，在一生中對他影響最大的可能是父親。

林語堂還稱父親是一位不可救藥的樂天派。父親不是那種抑鬱消極的性格，而是一位對於世界和人生都充滿自信、快樂和熱情的達觀者。他爲林語堂起的乳名「和樂」是一種表現，他常常開懷大笑，興高采烈地爲教友布道是一種表現，他幽默自然和愛說笑話的個性也是一種表示。林語堂曾在《八十自敘》裡認爲自己的父親「敏銳而熱心，富於想像，幽默詼諧。」如果將林語堂與魯迅的表情和性格進行比較，我們會發現這樣的特點：前者常常滿面笑容，如沐春風；而後者則冷峻抑鬱，如同冰結。如果尋根求源，很重要的是家庭的遺傳。林語堂的樂天、幽默等性格更多的是得之於父親。

父親與林語堂關係融洽，父子情深。母親常爲去布道的父親煮一碗豬肝麵條，這時，父親總是吃幾口後將小林語堂叫來，將剩下的半碗給兒子吃。這半碗麵條凝聚著父親無限的愛與希望，是否父親有這樣的感覺：這個聰明靈氣的小兒子日後能夠爲林家增光加彩，成爲一個了不起的大人物。反正林語堂直到晚年對這碗麵條還記憶猶新，常常說起。那碗「味道美極了」的麵條如同一條五色的彩虹將父親與子溝通，並緊緊地將他們聯繫在一起。

林語堂出生時父親已經四十歲了，在他出國留學時，六十多歲的父親特地從家鄉趕來爲兒子送行。面對蒼茫的大海，面對即將載走自己愛子的海輪大船，這個樂觀的老人不知道想了些什麼？我想，此時多情的父親肯定會淚水模糊，心情如潮的。林語堂在國外聽到父親病逝的消息，哭得死去活來，因爲他怎麼也沒有想到，父親在上海的送別竟成爲他與父親的永別。

三、母親與二姐

林語堂曾這樣表示他對母親的感受：「說她影響我什麼，指不出來，說她沒影響我，又瞻之在前，忽焉在後。大概就像春風化雨。我是在這春風化雨的母愛庇護下長成的。我長成，我成人，她衰老，她見背，留下我在世。說沒有什麼，是沒有什麼，但是我之所以爲我，是她培養出來的。你想天下無限量的愛，是沒有的，只有母愛是無限量的。這無限量的愛，一人只有一個，怎麼能夠遺忘。」（《回憶童年》）林語堂還在《八十自敘》裡說：「我記得母親是有八個孩子的兒媳婦，到晚上總是累得精疲力盡，兩雙腳邁門坎都覺得費勁。但是她給我們慈愛，天高地厚般的慈愛，可是子女對她也是同樣感德報恩。」可見，母親對林語堂生命的意義：它天地般的厚，溪水樣的長，並以「根」的方式深植於林語堂的情懷，令他刻骨銘心，永遠難以忘懷。

母親名叫楊順命，出身於貧窮之家，長得也不好看，但他卻有著一顆善良美好的心靈。一是母親從沒有打過林語堂，這使他覺得母親比父親更親近；二是母親很有同情心，經常幫助窮苦人家，有辛苦的過路人在酷熱天氣汗流浹背經過她家，她總是將他們請到家裡喝水乘涼。母親還是個憨直的婦女，這與當年郁達夫評價林語堂性情憨直是一致的。林語堂曾說他與二姐常常用不著邊際的話：「哄騙」母親，可奇怪的是母親總是深信不疑、信以爲眞。最後，知道事情的眞相，她還總是用手遮住嘴笑笑說：「天下沒有這種事情，你們是說來逗我的。」因爲母親牙齒不好，當衆笑時總是習慣用手遮住嘴巴。

在林語堂的小說中多次寫到母親形象，而且都寫得那樣感人肺腑，具有杜鵑啼血般的深情，這與林語堂對自己母親的愛直接相關。母親，對人之子來說，都具有本根的意義，她是生命活水的源頭，是天宇中飛翔風筝的手中牽線。

據林語堂女兒林太乙說：「和樂對二姐，比對父母更親切。」（《林語堂傳》）二姐名叫美宮，她長得美如桃花，歡快如一隻小鳥，在性格上、愛好上與林語堂非常投合。林語堂說過二姐的美麗：「二姐有一雙靈活的眼睛和一口晶瑩的貝齒。在同學眼中，她算是美人兒。」（《八十自敘》）二姐對林語堂的影響很大，在林語堂的小說創作中，姐姐是一個很重要的意象，它往往飽含著濃鬱的感情和深長的滋味，我認爲這其中有著林語堂對自己二姐的深情厚意。二姐是兄弟妹姐中最關心林語堂的一個，同時她還頗好讀書，對美好的事業充滿嚮往與追求。因此，二姐一直身懷鴻鵠之志，希望自己有朝一日能走出山地，像雄鷹一樣在藍天裡自由翱翔。所以，儘管年歲大了，但她高中畢業後一直不想出嫁。然而，當她得知她和弟弟之間只有一個人能夠上大學讀書，而另一個必須做出犧牲時，二姐毫不猶豫地做出嫁人的決定。當然，她內心的失落與惆悵是可想而知的。林語堂後來這樣回憶道：「婚禮前一天，她從衣袋裡拿出四毛錢，對我說，『和樂，你要去讀大學。別荒廢良機。做一個好人，有用的人，有名的人。這是姐姐對你的心願』……這些話沉甸甸燒進我的心房，我總覺得我是取代她才上大學的。」（《八十自敘》）

就是這位如仙女似的二姐，不顧他人的苦苦追求，直到二十一歲才無奈地出嫁。但令人心寒的是，第二年二姐就患鼠疫死掉了，她死時已是肚子裡懷著八個月的身孕。二姐就如同一顆流星，在她短瞬的生命行程中很快地歸於寂靜，但對林語堂來說，他失去了人生最美好的東西。林語堂後來說過這樣一句話：我青年時代所流的眼淚，多是爲二姐而流的。

四、神童的才思

身居兄弟姐姐之後，林語堂沒有長子那種先天的負擔感，而是自由自在，無拘無束，天眞快樂地生活著。林語堂具有非常敏銳的頭腦和悟性，這對他後來能成就大器，形成非常獨特的生命體驗關係很大。

最早顯示出才華的是八歲那年。林語堂自己編寫了一個小教本，其中有兩頁，一面是正文，另一面是圖解。這是作者偷偷完成的，沒有讓別人看見。文章的內容是這樣的：

人自高終必敗
持戰甲靠弓矢
而不知他人強
他人力千百倍

這是一篇很有道家情懷的小文，有點打油詩性質，但基本表達了林語堂的文化觀念和審美理想。從這裡，我們可以清楚地看到林語堂以後發展的雛形。這也與林語堂高山文化情結和在高山上看山下人那一幕聯繫在一起的。如果沒有一定的悟力和文化底蘊，要寫出這樣的文章幾乎是不可想像的。

林語堂還寫了一篇描寫蜜蜂找花蜜卻惹火自焚的故事，其中附了一張手提爐灶的插圖。只是具體內容林語堂已不能想起來了。在這期間，林語堂還發明了一種治傷的中藥粒，名叫「四靈散」，雖然其藥未必有什麼效果，但很能滿足作爲一個孩子的幻想與好奇心，從中也可看出林語堂驚人的想像力和創造性。老師曾爲林語堂作文寫評語道：「有若大蛇過田陌」，以說明林語堂詞不達意，而林語堂則取笑老師，用了與老師對對子的方法，其所對的句子是：「恰是小蚓渡沙漠」。這種聯想的能力與童稚的心靈令人喜不自勝。

因爲崇信基督教，所以林語堂一家都讀《聖經》，他在晚飯後做祈禱。林語堂自己也常常隨家人一起做。但與對上帝的盲目崇拜不同，林語堂常常懷疑上帝的存在，更懷疑上帝就在自己的頭上方幾寸的地方，懷疑爲什麼每頓飯都要感恩於上帝。林語堂這樣寫道：「雖然我們吃的飯不見得是皇帝賜予的，我們還是得感謝皇帝賜予太平繁榮的盛世。」（《八十自敘》）

當然，林語堂童年還以頑皮出名。他喜愛做惡作劇，喜愛與二姐耍賴。有一次他被關在門外，不得進門，林語堂就說：不讓我進去，那就讓石頭代著自己進屋。姐姐對他管得太嚴厲，他就想出一個好主意，即躺在泥水裡將衣服弄髒，反正二姐要爲他洗衣服的。這樣，童年的林語堂在家裡，人人都說他刁蠻。

應該說，林語堂在童年雖有些桀傲不馴，但卻表現出與衆不同的才華：他強烈的文化感，他敏銳的感悟能力，他豐富的想像力，他大膽的懷疑態度，他熱情的創造力等等。林語堂後來的浪漫主義情思，對科學充滿著經久不息的熱愛，對道家文化和基督教文化的信仰，崇尚自由和獨來獨往的大丈夫胸襟，都可在童年找到影子和對應。就如同一棵參天大樹，我們從林語堂的童年就可以發現這顆天才的種子。

第二章　不懈的追求

林語堂是一個自信和求知欲很強的人，他如同海棉一樣對知識對外面的世界充滿著渴望。他曾這樣表達說：一條河的支流永遠不能高出它的源頭。人生事業的成功，也必然有其大的源頭。不論你的天才有多高，能力有多大，教育有多深，你事業的成功總不能高出你的自信心。走過了富有想望和稚氣的童年，林語堂進入了少年時代，與此同時，林語堂眼前的世界也逐漸開闊起來了。

一、小學、中學與大學

因爲家鄉沒有正規的學校，林語堂的父親自己給孩子們開課。林語堂早年從父親那裡學習了四書、《詩經》、《聲律啓蒙》和《幼學瓊林》，同時也受到鼓勵翻閱了《福爾摩斯》、《天方夜譚》、《茶花女》等作品。讀小學時，林語堂先在坂仔銘新小學，十歲時父親讓他跟著哥哥到鼓浪嶼讀小學。

從坂子到廈門的行程大約需要三天時間，林語堂與哥哥坐著「五蓬船」經過較窄的河道直達漳州城。此後的途中視野逐漸開闊起來，而船隻也在蜿蜒的秀麗山水中穿行。林語堂忍不住心曠神怡，他看到：兩岸有綠樹、果園、農夫、耕牛，有荔枝、龍眼和柚子林，有濃郁的大榕樹，還有開了花的桔子。到了晚上，船泊在岸邊，月亮高懸，竹葉搖動，船夫娓娓地講述故事，鄰船時有優美的曲子飄來。這一切令林語堂如痴如醉，不能忘懷。晚年的林語堂言及於此還津津樂道地說：「上帝在天上。童年再也找不到更怡人的環境了。」（《八十自敘》）這一次出門第一次打開了林語堂的視野，他驚奇地發現外面的世界是多麼大，多麼美和多麼精彩！林語堂在心中也堅定地確立了這樣的信仰：眞正的男子漢志在四方，應該到更廣大的世界去展示自己的才華，而決不能囚棲在這封閉的彈丸之地。

在石碼和廈門間的輪船上，林語堂首次看到西方的蒸汽引擎的運作，這使他目瞪口呆，不能自已。後來在學校看到一個活塞引擎的圖解，林語堂這才完全明白是怎麼一回事。從此以後，林語堂始終保持著對科學充滿了濃郁的興趣。這一次對林語堂的科學觀之形成有著重要的意義。

小學畢業後林語堂進入了廈門的尋源中學，這是一個由教會建立的中學，校長是一個有算計而貪心的人，給林語堂留下了很壞的印象。後來談起中學生活，林語堂這樣說：「我的中學教育完全是浪費時間，連一間圖書館都沒有。」（《八十自敘》）這時間也沒有養成讀書的習慣，因爲課程的內容太簡單。多少年以後，林語堂寫過一篇《讀書的藝術》，其中就談到圖書館對於學生的重要性，也談到自學的價值意義，這恐怕與他中學生活的枯燥乏味不無關係。當然，中學生活也並不是毫無回憶之處，如放學後大家大玩特玩，看外國水手爛醉如泥，看英國足球隊踢球，看俱樂部舞會的男男女女，這些都令林語堂大開了一番眼界。値得回憶的是，此時的林語堂從校長太太那柔和悅耳的歌聲中，體味到了西方音樂的美妙，這也可能是林語堂一生喜愛西方音樂的一個起點。

一九一二年，林語堂以第二名的成績從尋源中學畢業，爲了讓林語堂獲得更大的發展，父親千方百計實現了林語堂到上海聖約翰大學讀書這一夢想。

聖約翰大學是聖公會辦的一所教會大學，它的整個學校建築清一色是西洋式的，以教授英文而聞名於世。當時，它在國內外都享有盛名，顏惠慶、施肇基和顧維鈞三位駐美大使都畢業於這所大學。林語堂來到聖約翰大學後將和樂改爲玉堂，開始了新的生活。最使林語堂興奮的是大學圖書館，這個藏書量達五千册的寶地，其中三分之一是神學書。但即便這樣，林語堂也是一有空就鑽進圖書館，如飢似渴地大量閱讀這些書籍。這與許多富家子弟的招遙過市和不認眞讀書大爲不同。後來，林語堂自豪地說起，這個圖書館裡的書他都讀完了。最後，林語堂還嫌圖書館太小，讀書讀得不能過癮。

因爲讀了不少神學書，所以林語堂對「上帝」開始產生了懷疑，認爲基督教中充滿著「欺騙」，並不像童年時那樣的充滿興趣，這樣，他原來想當牧師的想法也被打消了。暑假回家後見到父親，林語堂將大學所讀的書說給父親聽，父親高興萬分，想在鄉親們面前讓兒子出出風頭，於是讓兒子爲教友們布道。林語堂爲教友講的題目是：把舊約《聖經》當文學作品來讀。他說，《約伯記》是猶太戲劇，《列王記》是猶太歷史，《雅歌》是情歌，而《創世紀》和《出埃及記》是很好的而且是很有趣的猶太神話和傳說。這種無神論的口吻讓父親驚慌失措，當天晚上父親很不高興，臉色一直很不好看。

林語堂到聖約翰的最大成就之一是，對英文產生了濃厚的學習興趣。僅用了一年半的時間就將英文基本弄通了。林語堂學習英文的方法是認眞鑽研那本袖珍牛津英文字典，對每個字詞以及其複雜的用法，他都要下功夫，不徹底明白決不罷休。林語堂還非常重視英文單詞的發音，他說，只要將重音念對，那麼一個單詞就容易記住了。因爲這本英文字典並不比兩雙長襪占地方，所以他無論走到哪裡，都隨身攜帶著，以便有空就可以拿出來閱讀。林語堂自己稱，在此段時間裡，他對英文的興趣越來越濃，眞正的愛上了它，如果用一個詞來概括，那就是「如魚得水」。當然，這時間林語堂放棄了對中文的研究，因爲在聖約翰大學，即使每年的英文都不及格，畢業也是不成問題的。但是，對中文的忽略卻使林語堂日後付出了巨大的代價，這在五四新文學革命中表現得最爲明顯，因爲沒有國學的功底，要對中國傳統文化進行眞正的反思是不可能的。林語堂後來通過長期的艱苦的補課，才彌補了聖約翰大學忽略中文所帶來的後遺症。

聖約翰大學帶給林語堂的還有校長嚴格的管理，尤其是對學生品德的教育，這使他終生不忘。再就是校內有參天的喬木和美麗的草地最爲著名，在這優美的環境裡，林語堂說他度過了無數愉快的時光。他甚至偏激地強調說：如果說聖約翰大學給了我什麼，那就是健康的肺葉。除此之外，林語堂積極參加網球、足球和籃球比賽，他還自豪於自己是划船隊隊長，參加了足球校隊，踢了一腳好足球。同時，林語堂還打破了一英里賽跑的全校記錄，大大風光了一次。

像中學一樣，林語堂以全校第二名的成績從聖約翰大學畢業。對第一名，林語堂表現出不以爲然的態度，他甚至口出這樣的怪論：他不想死用功去考第一名，因爲同班總有一位笨蛋，非常用功，對分數非常重視，結果這個人考了第一名。在大學二年級的結業典禮上，林語堂因爲表現突出，接連四次上台領獎，還領取了率隊演講的三面獎牌和一個獎杯，引起了一次不少的轟動。連隔壁聖瑪麗書院的女學生都將此事當成新聞廣泛傳播。後來，林語堂的妻子廖翠鳳愛上林語堂，這次領獎就是一個很重要的原因。因爲在廖翠鳳看來，這個青年這樣才華橫溢，將來一定不同凡響，會有一番大的作爲。

二、婚前戀人

在林語堂結婚之前，他曾熱烈地愛過兩位少女，她們是賴柏英（又名橄欖）和陳錦端。這兩個女性以其不同的性格深深地感動過林語堂，也在林語堂的心目中刻下了深深的印痕。林語堂的一生包括文學創作都與這兩位女性是分不開的。可以這樣說，這兩個少女是理解林語堂的一把不可或缺的鑰匙。

賴柏英是林語堂的初戀的少女，林語堂曾在《八十自敘》中對此公認不諱。這在小說《賴柏英》中表現最爲詳細。賴柏英的母親是林語堂母親的教友，按農村輩份排列，賴柏英應稱林語堂爲「五舅」，林家住在谷底，而賴家則住在半山腰上，離林家約六里路的樣子。因爲雙方母親的親近關係，兩個少年男女也漸漸親近起來。而就在這美好的少年光陰里，兩顆美好的心靈逐漸靠近，以至於最後相愛起來。

在林語堂眼裡，賴柏英眞是美極了：她身材苗條，如果穿上流行的「長衫」，那就更加漂亮迷人。她長了一張瓜子臉，透出一股靈秀之氣。還有那雙會說話的眼睛常常現出沉思的神情。她有美妙的聲音，每到清晨，林語堂就能聽到賴柏英婉轉動聽的聲音悠然從山上飄來，如玉液瓊漿般流過林語堂的心田。她還喜愛赤腳在山間行走，林語堂曾借《聖經》中的話說：「她的腳在群山之間，是多麼美麗！」以此來說明賴柏英蹲身在小溪裡捉小魚蝦，一隻蝴蝶落在她的髮梢上，賴柏英沒有驅逐蝴蝶，而是頭部保持不動，身體緩步移動，這隻蝴蝶竟然沒有立即飛走。賴柏英想試一試自己到底能與蝴蝶一起走過多遠？這件事足見少女賴柏英天眞美好的心靈，這是一顆眞純自然的童心。

賴柏英並不是一個逆來順受的少女，而是一個有主意有毅力的人。與林語堂對外面的世界充滿嚮往和好奇不同，賴柏英認定漳州什麼都有，而到外面將一無所獲。在她的意識裡，那甘之如飴的水果，那鮮美無比的魚類和瓜類。那迷人的山山水水，只有美麗的漳州才一應俱全，而外面的世界豈能具備。爺爺雙目失明後，賴柏英更是堅持要在家鄉侍候爺爺，而且心定如山，任憑林語堂如何勸她都無濟於事。當林語堂要離開家鄉遠走高飛到外面上大學時，賴柏英去送他，沿著美麗的山路兩個人戀戀不捨，情意綿綿。此時讓我想起林語堂在《紅牡丹》裡寫到孟嘉對紅牡丹的眷戀時，引用的那句白居易《長恨歌》裡的詩句：天長地久有時盡，此恨綿綿無絕期。在二者的關係中，我看到了林語堂摯烈情感的源頭。

橄欖，這個美好而又充滿韻味的名字，曾寄托了林語堂多少深情和眷戀。他那如地下清泉一樣美好的感情，林語堂都毫不吝惜地將之傾注到這位他初戀的少女身上，一如畫家在畫紙上盡情潑墨般地抒情。生命的流水不論流到哪裡，它往往都忘不去自己的源頭，並時時返顧、沉思、回想。雖然由於兩人思想觀念、價值旨趣和審美傾向的差異，林語堂與賴柏英只能是愛而無緣，失之交臂，但在情感的世界裡，林語堂一生都將這份感情珍藏在心靈深處，成爲他生命的底色與動因。賴柏英後來嫁給坂仔鄉的一個商人，而不是如林語堂在小說裡表現的那樣與新洛美滿團圓。那麼，賴柏英與丈夫的感情如何，生活幸福與否，這些都是不得而知了。

在聖約翰大學讀書時，林語堂與同學陳希佐和陳希慶兄弟交厚，由此林語堂也認識了他們的妹妹陳錦端。陳錦端是名門閨秀，但又天眞自然，一派浪漫。他長了一雙美麗如秋水的大眼睛，長長的秀髮如瀑布般自肩頭飄落，如一首抒情詩。最令林語堂心悅誠服的是陳錦端的才華，因爲她酷愛美術，具有與衆不同的藝術天賦。

在中國傳統文化中，夫妻比翼雙飛一直是文人的美好夢想：他們舉目齊眉，相知相和，心領神會。一壺茶，一杯酒，一卷書，在夜深人靜的青燈之下夫妻共讀，此種情境多麼令人艷羨啊！林語堂後來多次由衷地讚美趙明誠、李清照夫婦，敬慕沈複，陳芸夫妻，這很能說明他的審美理想。以這樣的心懷去看陳錦端，林語堂更覺得她美妙絕倫，不可再得。於是，林語堂想盡一切辦法接近陳錦端，雖然二人很少單獨相處，總有兩位哥哥相伴，但通過暢談藝術、文學及其理想，兩顆年輕的心靈逐漸靠近，也彼此相知了。在這段時間，林語堂以他少有的才思與智慧全力地追求心中仙女陳錦端，而陳錦端也被林語堂的風采所吸引，丘比特的箭不知不覺射中了兩顆年輕的心。林語堂女兒林太乙曾在《林語堂傳》中這樣談林語堂的感受：「玉堂感到他們心心相印，好像自己生來只是半個人，現在找到了自己的另一半。錦端使他感到柔和如水，柔軟如輕紗的愛。」

然而，正當林語堂與陳錦端日益交好之時，陳錦端的父親陳天恩看出了其中的奧祕。作爲廈門有名的富有醫師，陳天恩雖然承認林語堂才華出衆，但他根本沒有把一個窮牧師的兒子放在眼裡，再說他早聽說林語堂有點異教徒意味，將來是靠不住的。還有，陳醫師一直想爲女兒找一個門當戶對的金龜婿。爲了棒打鴛鴦，陳天恩想出了一個金蟬脫殼的辦法，即爲林語堂作媒，將鄰居的朋友廖悅發的女兒嫁給林語堂。林語堂聽到這個消息，如五雷轟頂，垂頭喪氣地回到家鄉坂仔。他一個人關起門來痛苦不已，誰也勸不動他。此時的林語堂傷心透了，哭得很厲害，到後來全身都癱軟了。林語堂的大姐知道事情的眞相，將林語堂好好地痛罵了一頓，罵他沒有志氣，也數落他這樣算什麼男子漢，並說因爲愛的失敗就消極到這樣，將來還怎麼去成就一番大事業？

說來也怪，林語堂在大姐的勸罵下，一顆自尊心又重新復蘇起來，他對人生和事業的信心又從內心升騰而起，他悄悄地擦去眼淚，又重新回到了學校，進入了一個新的時期。雖然意志堅強起來了，但心中對陳錦端那份感情卻揮之不去。從此之後，林語堂很少提起陳錦端，也很少提起他對陳錦端這份感情，可能是有錢人對他的自尊心傷害太深了。林語堂一生中往往總是將「錢」看得較重，恐怕在這裡能夠找到蛛絲馬跡。儘管如此林語堂一生都沒有忘懷陳錦端，直到生命的晚年，當林語堂八十歲了，聽到林希慶的妻子陳錦端住在廈門，他還如青年一樣從椅子上站起來，脫口說道：「你告訴她，我要去看她！」對比他與賴柏英的戀愛，林語堂與陳錦端可能要淺得多，至多也不過心領神會，兩情相悅，但不同的是，二人在思想、精神、志趣、心靈和審美方面的一致性，這可能是他與賴柏英之間所沒有的。林語堂女兒林太乙曾敏銳地感到：「在父親心靈最深之處，沒有人能碰到的地方，錦端永遠占一個地位。」（《林語堂傳》）只是不可思議的是：這一對志同道合、情趣相投的有情人卻那麼簡單地被棒打了鴛鴦，其中的因由值得認眞思考。

陳錦端未能與父親爲她選擇的金龜婿成婚，而是遠走美國學習美術。後來，林語堂享譽上海，回到上海的陳錦端多次到林語堂府上拜訪，此時林語堂已與廖翠鳳成家生子。陳錦端三十二歲結婚，丈夫是廈門大學留美學生方錫疇教授。他們夫妻二人一生不育，抱養了一男一女，一直住在廈門。陳錦端享年八十多歲。

三、賢德妻子廖翠鳳

對陳天恩介紹的這門親事，林語堂本人半點興趣也沒有，但是林語堂的大姐瑞珠很滿意。她曾在毓德女中見過廖翠鳳，所以她對林語堂這樣說，廖翠鳳長的是一副福相：端端正正，舉止大方，皮膚白皙，眼睛大而明亮，鼻粱高高的，人中很長，耳朵大而厚，嘴唇紅而薄，人也長得不錯。因爲剛剛失戀，爲了恢復自己心靈的平衡，所以林語堂也就勉強同意姐姐的意見。

而廖翠鳳卻正好相反，她對林語堂非常滿意。廖翠鳳也在上海聖瑪麗女校讀書，她曾得以目睹林語堂在聖約翰領獎台上的風采，當時就有心儀之意。後來，林語堂被廖翠鳳的哥哥邀到廈門家裡吃飯，她就曾注意過林語堂：她躲在屏風後面看見一表人才的林語堂無拘無束，心中就有說不清的仰慕。她還悄悄將林語堂旅行途中的髒衣服拿去親手洗淨。最爲難得的是當母親問起女兒爲什麼願意嫁給一個沒有錢的窮牧師的兒子時，廖翠鳳堅定地說：「窮有什麼關係，沒有錢不要緊。」因爲這個富商的女兒知道，對於愛情來說，「錢」和「才」的份量不可同日而語。她也看到了「富有」給廖家子弟帶來了什麼，還不是吃喝玩樂，無所事事？

在芸芸衆生中，廖翠鳳能夠破除門戶之見，不以「錢」作爲衡量標準，而是慧眼識珠，選中林語堂，這對於一個少女來說是十分難得的。直到後來，陳錦端來林家拜訪林語堂，廖翠鳳還非常自信地讓林語堂與陳錦端單獨會面、交談，並囑咐孩子不要打擾爸爸與阿姨的談話。這種美德與胸襟是何等的珍貴！不僅如此，當客人走後，廖翠鳳還當著林語堂的面，不厭其煩地告訴女兒，她們的父親是愛過錦端阿姨的，但之所以能與她廖翠鳳成婚，主要是因爲她說過「沒有錢也不要緊」這句話。說完這句話後，廖翠鳳總是哈哈大笑。在她的玩笑中，林語堂也只有不自在地微笑，臉上有些漲紅。

林語堂曾說過妻子「翠鳳屬於接納萬物、造福人類的『水』質」，而他自己則「性屬鑿穿萬物的『金』質」。（《八十自敘》）的確是如此：林語堂夫妻金水互補、相得益彰，深得命相之理。在廖翠鳳的心目中，林語堂是那樣了不起，他風度翩翩、和顏悅色、才智超人、口若懸河，思維敏捷、心地純正、胸有大志、浪漫多情，眞正是她心目中的白馬王子。而在林語堂的心中，廖翠鳳質實純樸、厚道自信、包容心強，又是那樣能吃苦耐勞，無怨無悔、同甘共苦地愛著他。所以，林語堂覺得：「一次又一次，她總能爲家庭的福利而犧牲，做出了強有力的決定。」林語堂還說：他身上的缺點妻子都能容忍。如在床上抽煙。我有時想，林語堂夫妻就如琴瑟，他們在五十多年的共同生活中共同譜寫了相親相愛、相扶相攜的美好樂章。林語堂的女兒說過：世上再也找不出兩個比爹媽更不相像的人。但林語堂自己也承認，正是在這種差異中，他與妻子互相恭維，使這種老式婚姻在天長日久的生活中，愛情慢慢生長起來，隨著年歲的增長，「我們學會珍惜可貴的一切。男女互補所造成的幸福也是其中之一。」

結婚五十年的金婚之時，林語堂送給妻子一個勳章，上面刻下一首不朽的名詩《老情人》。詩是這樣寫的：

同心相牽掛，一縷情依依。
歲月如梭逝，銀絲鬢己稀。
幽明倘異路，仙府應淒淒。
若欲開口笑，除非想見時。

自五四新文化和新文學運動以來，中國作家漸漸形成了這樣一種婚姻觀：婚姻必須以愛情爲基礎，沒有愛情的婚姻是不幸福也是不道德的。從某種意義上說這是對的。問題是有了愛情婚姻就一定能幸福嗎，眞正幸福的婚姻裡愛情到底占了多大份量呢？林語堂的婚姻和探索似乎做出了另一種回答：美滿的婚姻當然離不開愛情，但並不是說傳統的婚姻就不能培育出眞正的愛情。問題的關鍵在於夫妻要相補相合，忍耐與包容。常言道：恩愛夫妻不到頭。

如果過於強調家庭中愛情的至高無上，而忽略了人的品質的互補，忽略了人性的寬容，那麼這種婚姻也是不會長久的。換言之，美滿的婚姻是兩個協調的一半共同追求和創造出來的。

四、清華大學教員

一九一六年林語堂從上海聖約翰大學畢業，來到北京的清華大學（原名爲清華學校，一九二八年才改名爲清華大學）任英文教員。地域的變化帶來了一系列心理的變化，因爲北京是中國傳統文化的中心，多少朝代的文化積澱就如同厚厚的萬里長城，橫亙在林語堂的面前，讓他透不過氣來。

由於長期接受的是教會式教育，林語堂對西文文化的典故比較熟悉，但對中國文化卻比較陌生。比如對《聖經》中以色列領袖約書亞的號角吹倒巴勒斯坦古都耶利哥城的故事，林語堂了然於心，可是卻不知道孟姜女曾哭倒一段長城的故事。這對於身處中國文化中心的林語堂來說，無疑是非常慚愧和無地自容的。尤其是在與文化大師們的接觸和對話過程中，林語堂的這一感受更爲強烈。於是，林語堂暗暗下定決心，要將慚愧變成動力，爭分奪秒補上中國傳統文化這一課。他說：我要洗雪前恥，遂認眞鑽研中國的學問。

林語堂首先從中國古典小說《紅樓夢》入手，認眞閱讀、思考、探討，一方面他可以從中學習北平口語，這是直接走近中國傳統文化的路徑。他說過，襲人和晴雯自我表達的方法，眞要羞死一大堆寫白話語法的中國人。另一方面他能夠從中認識中國傳統的文學、文化和藝術精神，以便增進自己對老中國的了解。《紅樓夢》是林語堂探討中國傳統文化的一個台階，由此他漸漸升堂入室，開始走進中國文化的堂奧之中。林語堂後來的長篇小說《京華煙雲》受到《紅樓夢》的影響甚大，這不能不與此時間對《紅樓夢》的研究興趣有關。

到琉璃廠那些古老的舊書鋪裡找書商們交談，使林語堂受益非淺。他在《八十自敘》中寫道：「我和書商交談，發現我知識上的許多漏洞，中國學者一定很熟悉。徜徉在書商之間，給我帶來不少有趣的談話和幾件意外的驚喜。」另外，隨意翻閱也是一種很大的收穫。當林語堂發現一本王國維的《人間詞話》，他驚奇得不得了，這本對於他來說是第一次的重大的發現，但在學者之間卻是常識式著作。還有《四庫集錄》也是這樣，它的發現令林語堂興高采烈，不能自已。林語堂還大量地購買這些古書，回去後認眞的研讀，學習非常用功，恨不得將它們立即吃進肚子裡去。經過一段時間的補課，林語堂對中國文化越來越熟悉了，他也敢於與書商和學者在一起探討中國文化了。

在清華大學的三年時間，正是五四新文化運動的孕育和發生期，像胡適、李大釗、陳獨秀、魯迅、周作人等人都是改革中國傳統文化的先驅。此時林語堂一邊補課一邊也積極參與新文化運動之中。他先後寫了《漢字索引制說明》和與錢玄同的漢字改革通信《論「漢字索引制」及西洋文學》等論文，雖然這些論文並未引起人們更多的注意，但畢竟表達了林語堂不甘落後於時代潮流的願望和努力。

在這段時間裡，有兩個人對林語堂影響最大，一個是胡適，一個是辜鴻銘。胡適於一九一七年自美國留學回國，這個自信而又謙遜的新文化幹將，給代表清華學校前去迎接的林語堂留下很深的印象。因為胡適見到歡迎他的蔡元培等人時，引用十六世紀荷蘭學者伊拉斯莫斯的話：「現在我們回來了。一切將大大不同。」辜鴻銘是前清遺老，他雖有許多怪癖和偏見，但林語堂卻覺得這是一個了不起而有趣的人。辜氏不僅英文好，而且有深厚的中國文化修養，才智超群，民族氣節和個性精神相當突出。一向林語堂對辜氏讚賞有加，但見他一面是想都不敢想像的。可是，有一天他在中央公園裡見到了辜鴻銘，只是出於對這個大名鼎鼎人物的畏懼，也由於自己中國文化功底的薄弱，林語堂未能前去求教。但此時，辜鴻銘的形象、氣質都一直留在林語堂的記憶中，這在以後林語堂的生活和文學創作中不時地得到表現。

清華三年林語堂刻苦用功，全面補中國文化這門功課。當別的教員周末去逛妓院、喝喜酒時，林語堂則躲在學校學習。難怪胡適後來開林語堂的玩笑，說他是個清教徒，因為在當時追求自由個性解放的潮流面前，林語堂不喝酒也不近女色，這是相當不容易的。另外，自從與廖翠鳳定親以來，四年時間過去了，兩人一直沒有結婚。廖翠鳳常常不免嘀咕：「這位玉堂，他和我訂婚已四年了，怎麼還不來娶我呢？」一九一九年，林語堂得到去美國哈佛大學深造的機會，但令他遺憾的是，這次他未能得到全額而只得到半額獎學金，即每月只有四十美元。即便是這樣，林語堂仍然下定決心，不考慮經濟而只考慮眼界、知識與智慧。

第三章　留學海外

爲了保證女兒的婚姻不受影響，廖家提出「先結婚後，夫妻一同留學」的計劃，林語堂沒有疑義就同意了。婚禮在一所英國聖公會教堂舉行，林語堂去廖家迎接新娘，女方家裡以禮節給新郎一碗龍眼茶，林語堂竟將茶吃了下去，並將龍眼也嚼得津津有味，逗得人們吃吃的笑。結婚後，廖家拿出一千大洋作爲女兒的嫁妝，資助林語堂夫妻出國留學。一九一九年秋，林語堂夫妻登上了「哥倫比亞」號海輪，在上海與家人告別，開始踏上了艱辛而充實的海外留學生活。

一、哈佛大學

在去美國的這條海輪上，與林語堂一起的清華大學留學生有許多人。這其中有六十二位是享受全額獎學金的畢業生，也有與林語堂一樣只能得到一半獎學金的郝更生、吳南軒和樊逵羽等人，而在這些人中只有廖翠鳳一人是女的。對廖翠鳳來說，這次海行處處都是新鮮的：

海闊天空，碧波萬頃，朝霞與夕陽隨時改變著周圍的景致，給人以遠離世俗世界的獨特感受。尤其能與心愛的夫君一起遠渡重洋、共度蜜月，這對廖翠鳳來說是多麼的開心與快樂的事情！在洋人吃西餐時，那刀叉如何使用、黃油如何塗抹，也讓廖翠鳳感到非常好玩。此時的廖翠鳳對林語堂處處體貼、事事用心，這是她全力照顧林語堂生活的一個開端。而林語堂對大海則沒有多大的興味，遠遠不能與他對家鄉山水的熱愛相提並論。後來，在有的場合，林語堂還多次提到他對大海的看法：大海有什麼意思，它令人感到乏味。林語堂這一感受，不知是他天性愛山而不愛海，還是對大海沒有深入理解，抑或是反映了這次大海遠行的某種心緒？

在海輪上行了幾日，廖翠鳳患了盲腸炎，肚子痛得很厲害，她不得不留在艙內休息，這樣，前幾日那種快樂的心情此時一掃而空。林語堂也出不了船艙，只有陪伴著妻子。因爲這件事情，同船的中國留學生都取笑林語堂夫妻，他們還以爲這對新婚人躲在艙內是因爲蜜月好得分不開。但殊不知林語堂夫妻正苦不堪言呢！多虧妻子的肚痛病症漸漸減輕，否則他們還必須半道下來在夏威夷做手術呢。如果眞是這樣，妻子帶來的一千大洋將會用去大半，而他們留學美國所需的經費也就會成爲一個大的問題。

來到哈佛大學，林語堂夫妻住進了波斯頓赭山街五十一號。這裡雖然擁擠些，但它的優點是緊靠衛登諾圖書館。據房東太太介紹，這個圖書館的藏書非常豐富，如果將書排列起來，可以有好幾英里長。這樣，林語堂不上課的時間，基本上都泡在圖書館裡，貪婪地吮吸著知識的乳汁。林語堂曾在《八十自敘》中這樣讚美說：「我一向主張：大學應該像一處堅果豐富的叢林，任猴子到它想爬的樹上去選取和摘食，然後蕩個秋千，跳到別的枝頭去。猴子的本性會告訴他哪一個堅果美味可食。我正要享受一場盛宴。對我來說，衛登諾圖書館就等於哈佛大學，哈佛大學就等於衛登諾圖書館。」與丈夫一心一意地讀書不同，廖翠鳳的主要工作是買菜、燒飯和洗衣服等做家務活，她想盡量節約開支，以便使手中的錢能夠維持更長的時間。但不巧的是，她的盲腸炎又犯了，而且這一次比在船上更痛疼，她不得不到醫院做手術。不幸的是，這樣一個小手術竟然做了三個多小時，因爲美國醫生不了解中國女人的身體狀況，所以費了好大勁才找到盲腸。更不幸的是，出院後廖翠鳳一不小心又將傷口感染了，所以不得不做第二次手術。這樣就將他們帶來的錢差不多花光了。不得已他們只得向廖家又要了一千美金，這才度過了難關。在錢匯來之前，林語堂手裡的錢只夠買一盒麥片吃，也就靠這盒麥片林語堂度過了經濟最爲緊張的時期。也是因爲這一次傷了胃口，林語堂以後再也不願意吃麥片了。

在哈佛大學林語堂註册入的是比較文學研究所。這裡聚集了許多有名的教授，其中有對中國現代文學影響頗大的白璧德教授。此時間，林語堂與婁光來和吳宓同坐一條長凳聽過課，但他們信奉的學說卻大不相同。婁、吳二人是白璧德的信徒，而林語堂儘管承認白教授學識淵博，其文學觀也自成一家，但他卻不肯接受白璧德的文學批評學說，而替白教授的對手史賓崗辯護。林語堂與克羅齊的「直覺」和「表現」說不謀而合。還值得一提的是布里斯・皮瑞先生最受學生歡迎，林語堂說他的幾個女兒都非常迷人。皮瑞先生對林語堂非常欣賞，曾大加讚賞他的那篇論文《批評論文中的語匯變遷》。

林語堂夫妻在哈佛也曾鬧出過笑話，事情是這樣的：有一次，美國總統威爾遜的女兒，哈佛教授薩爾的太太杰絲・威爾遜邀請林語堂夫妻去她家裡吃飯，但林語堂夫妻記錯了時間。見到客人提前到來，薩爾太太一面表示熱烈歡迎，一面立即到廚房準備飯吃。林語堂後來懊悔地說：「那次我們眞失禮」。

後來，由於清華留美學生監督施秉元苛扣學生津貼，林語堂的半公費獎學金突然被無故取消了，林語堂夫妻又重新陷入了經濟危機。這一次翠鳳怎樣也不肯向家中要錢，回國又不願意。在百般無奈的情況下，林語堂不得不向北京大學的胡適求救，因爲林語堂曾與北京大學約定，回國後再到北大任教。林語堂希望胡適出面向北大校方預支一些錢，等他回北大後再還清。胡適接到告急，先後兩次匯來二千美元給林語堂。這樣，林語堂才得以繼續讀書。等林語堂學成回國，找校長蔣夢麟還錢時，校長詫異地說不知道這件事。林語堂才知道，原來胡適根本沒有向校長說起此事，匯去的錢是他自己掏的腰包。林語堂就把這錢還給了胡適本人。對於這件事，林語堂一直耿耿於懷，常常感慨地說：胡適眞夠朋友。林語堂還將這事發表出來，他說：「我正式記載下來，讓大家明白胡適爲人的慷慨和氣度。」更可貴的是，胡適做了好事，他卻從未向人提起，在林語堂還他的錢之前也未曾向林語堂說明。

功夫不負有心人，林語堂在極其艱苦的條件下完成了哈佛的學業，但即使如此，一年下來，林語堂各門課程的成績還都是甲等，深受師生的讚揚。由於他確實無錢再攻讀下去，所以他向基督教青年會申請去法國勤工儉學，一邊教華工識字，一邊繼續讀書。想不到，這件事很快得到了同意，而且還有意外的喜訊：青年會來信說，如果他們夫妻前往法國，所有的路費都由青年會支付。這眞是柳暗花明又一村。這樣，林語堂夫妻毫不猶豫馬上收拾行李，告別哈佛而去了法國。

二、游學歐洲

來到法國後，林語堂夫妻先在法國和德國交界附近的樂庫索小鎭住了下來。爲了維持生活和學習用費，林語堂先給中國勞工編輯了一本教學識字書，這樣既可以幫助中國勞工提高素質，又能慢慢積攢一筆錢。同時，林語堂還自修德文。由於林語堂學習外文有竅門，他很快就能夠讀書、寫信了。

這段時間林語堂還做了一件異想天開的事，那就是在這裡的中國勞工中尋找自己的爺爺。據說，爺爺是一八六〇年前後被太平軍捉去當挑夫的，後來被迫到國外做了勞工。所以，林語堂得空就去查找名册，並四處尋問。當然最後他沒有找到爺爺，因爲這一傳言的可信度很不可靠，就是可靠也不一定在這十萬人中，而如果眞的就在這十萬中國勞工裡，那爺爺活的希望也是十分渺茫的，因爲那時的老人至少有八十歲了。我們感興趣的不是林語堂對爺爺的尋找，而是通過這件事來理解林語堂的性格與心靈世界：執著、多情、奇思妙想和神祕的色彩。

此時的廖翠鳳也做過有失身份的無可奈何的事。爲了給林語堂找到一雙舊靴子，她不顧面子和身份，在昔日的戰場裡東逛西走，希望能有所獲。如果不是生活所迫，像廖翠鳳這樣的富家女是不會出此下策的。爲了能讓林語堂安心於學業，廖翠鳳不得不忍痛十分廉價地賣掉了她的陪嫁首飾，而這些首飾多是珍貴的珠寶。

耶拿大學很快寄來錄取林語堂的通知書，這讓林語堂夫妻又看到了新的希望。他們立即坐火車趕往德國。耶拿是德國大文豪歌德的故鄉，歌德的《少年維特的煩惱》和《詩與眞理》曾深深地感動過林語堂。所以，這次來到耶拿，林語堂心裡就裝著一團希望和仰慕之火。參觀耶拿歌德的故居，親臨其境看到大師的生活用品和收集的人種進化資料，這給林語堂留下了深刻印象。林語堂夫妻住處沒有冷熱水龍頭，而只能用水桶和浴盆洗澡，但他們沒有感到不方便和不舒服，而是用歌德和席勒來安慰自己。林語堂說，當年的歌德和席勒也是用同樣的水桶和浴盆沐浴，竟能寫出偉大的詩篇，而他也會從中獲得靈感與才情的。這種自我安慰法很快使他們心態平正起來。從這裡也可以看出林語堂「苦中作樂」的生活態度，這種精神是林語堂人生哲學非常重要的方面。海涅是林語堂最爲喜愛的德國作家，除了詩篇，林語堂說他更喜愛他的政論文章。這次來到德國，離這位心儀已久的大師這麼近，林語堂有一種說不出來的欣悅與滿足。就如同嬰兒伏臥在母親身上，細細傾聽那顆偉大心臟的跳動一樣。

耶拿與美國的紐約等地不同，它沒有簡便的冷飲台，沒有千篇一律的牙刷，也沒有一模一樣的郵局，更沒有相同或相似的混凝土大街，這裡不是新世界而是舊世界。這裡有窄舊的街道，有古老的教堂，有熱鬧的集市，還有壯麗的山水，總之是千變萬化，富有意味的風土人情和山光景色。從哈佛到耶拿，林語堂似乎感到一種不同的文化內蘊在轉換，他的審美觀念也隨之有了變化。如果在哈佛林語堂感到一種難以克服的競爭與心靈焦慮，一切都在求新去舊，那麼在耶拿林語堂覺得心平氣靜，一切都停留在舊的時間之中。後來，林語堂用「哈佛味」說明自己文章的不足，可就寓含著對哈佛文化的批評態度。而林語堂的「倡導閒適」

也與他在耶拿城的經驗有某些關係。以後林語堂提起耶拿大學這一段光陰，仍然抑制不住內心的喜悅，他稱讚：他們在那裡無拘無束、自由自在，過得非常愉快。他說：「翠鳳和我手拉手去聽課，一起出游，第一次嘗到了德國大學生活的滋味。」

在耶拿大學學習一學期，林語堂終於完成了在哈佛大學未完成的課程，拿到了碩士學位。為了進一步深造，林語堂又轉到以印歐比較語法學著稱的萊比錫大學，全力攻讀語言學博士學位。萊比錫大學有一個研究室，其中的中文藏書非常豐富，這令林語堂驚異不已，林語堂還可以到柏林大學借閱中文圖書，這就為林語堂進一步研究語言學提供了一個前提。另外，萊比錫大學也會聚了不少名教授，其中以高本漢的成就最高，影響也最大。在這裡，林語堂也結識了不少朋友，如欣德樂博士夫妻，如房東夏德利雪太太。也是在此時，林語堂聽到了父親在家鄉去世的消息，這對他的打擊是無法用語言表達的。這個曾給他生命，給他慈愛，也為他鋪平成長道路的人，就這樣臨終沒有見上兒子一面就撒手人寰了。林語堂心裡明白，心繫著他的父親在臨終時，肯定是有欣慰也有遺憾的，後來的林語堂每每想及此事，總是肝腸寸斷，淚水模糊。

在這裡林語堂也遇到過一些有趣的事，比如「性騷擾」是其中之一。當時，林語堂夫妻住在郊外，房東太太是個寂寞的寡婦，這個寡婦又抽煙又喝酒，常常將情詩拿給林語堂看，也找一切機會將她的風流逸事講給林語堂聽。有一次，當林語堂經過她的房門口時，她竟然裝著暈倒讓林語堂來扶她。林語堂馬上叫來翠鳳幫忙，這個寡婦也就清醒地離開了。

得知妻子已有身孕，林語堂決定讓妻子回國生產，這主要是因爲在國外生產需要付出昂貴的費用，而這對經濟條件一直比較拮据的林語堂夫妻來說幾乎是不可能的。而要回國，林語堂就必須盡早拿到博士學位。於是，林語堂開始全力以赴投身到博士論文答辯的準備工作之中。因爲林語堂胸有成竹，所以他在答辯之前就買好了回國的船票。當眞正拿到了博士學位，這一對夫妻就興高采烈地到威尼斯等地游玩，兩周後他們踏上了回國的航船。

第四章　文壇鬥士

一九二三年初春，林語堂夫妻回到廈門，他們先回漳州老家省親，後又回到廈門生下女兒林如斯。秋天，林語堂回到北京就任北京大學英文系教授，住在東城船板胡同。後來，林語堂還兼任北京師範大學英文系講師，這樣得以與魯迅成爲同事，他的交往及恩怨也是由此開始的。

一、《語絲》時期的幹將

林語堂學成回國，本想爲國爲民貢獻出自己的全部才智，但事與願違，當時中國的社會黑暗腐敗，整個北京都處於北洋軍閥的統治之下，而林語堂出國時聲勢浩大的「五四」精神此時已式微下去了。林語堂不得不偃旗息鼓，專心於學術研究工作。在這段時間，他先寫成《科學與經書》等文章，還翻譯出海涅的一些詩歌，後寫出《征譯散文並提倡幽默》和《幽默雜話》等論文。在中國「幽默」一向不爲人重，這是林語堂第一次提倡幽默，也是第一次將 humour 一詞譯成中文。迄今，「幽默」已爲中國人接受，並成爲家喻戶曉的一個詞，這是林語堂的一個重大貢獻。

但書齋式學者畢竟不能適應時代的要求，黑暗的社會現實迫使有正義感的學者進行更堅決的反抗與鬥爭。在這樣的前提下，《語絲》半月刊於一九二四年底誕生了，這是一個不管三七二十一，隨便說自己的話的刊物，它自覺不自覺地將一些進步作家會集在自己的旗幟之下。林語堂積極爲《語絲》投稿，因爲林語特別「喜歡『語絲』之放逸，乃天性使然」，「我們雖不見得是自由主義者，卻將『語絲』看成我們『心語的園地』」。這樣，林語堂寫下了《論土氣與思想界之關係》、《祝土匪》、《論語絲文體》等文章，表現了他大膽潑辣的反叛精神。值得注意的是，林語堂原來一直用「玉堂」，現在開始改名爲「語堂」。從此以後，林語堂三個字的大名漸漸響亮起來。

《祝土匪》這樣亮出自己的觀點：「惟有土匪，既沒有臉孔可講，所以比較可以少作揖讓，少對大人物叩頭。他們既沒有金牙齒，又沒有假鬍鬚，所以三層樓上滾下來，比較少顧慮，完膚或者未必完膚，但是骨頭可以不折，而且手足嘴臉，就使受傷，好起來時，還是眞皮眞肉。」因爲「土匪傻子可以自慰的地方就是有史以來大思想家都被當代學者稱爲『土匪』『傻子』過。並且他們的仇敵也都是當代的學者，紳士，君子，士大夫……自有史以來，學者，紳士，君子，士大夫都是中和穩健，他們的家裡老婆不一，但是他們的一副面團團的尊容，則無論古今中外東西南北皆同。」

在《薩天師語錄》裡林語堂直接諷刺當時的東方文明、東方病夫、新時代女性和丘八等。如林語堂認為：「中國文化的特長的確不少，但是叩頭與哭，絕對非他民族所可企及。」「你不看見他們多麼穩重，多麼識時務，多麼馴養。由野狼變到家狗，四千年已太快了。」「你不看見他們多麼中庸，多麼馴服，多麼小心，他們的心真小了。」「他們不但已由自然進入文明，他們並且已經由文明進入他們自造的鴿子籠。這一方一方固封的鴿子籠，他們叫做『家庭』。」對丘八，林語堂更是極盡嘲諷之能事，認為表面看來他們是一些「妖魔」、「餓鬼」、「毒蛇猛獸」、「豺狼蛇蝎」，但內裡卻是「一群馴養的家禽」，是「夾尾乞食累累然喪家狗」。顯然，作者對中國文化的弱化、狹隘、家庭化給予了堅決的批判。

《語絲》時期的林語堂將雜文作為批判和殺敵的「利器」和「投槍」，以青年的勇猛精進不留情面地向對手擲去。胡適就曾對錢玄同說過：如果某人的意見被林語堂看不起，即使那人是他的朋友，語堂都不願意和他打招呼。此時期林語堂的雜文風格頗似魯迅文風：深入、犀利、諷刺、峻急而熱烈。也就是說：敢笑、敢哭、敢叫、敢罵和敢打。郁達夫曾在《中國新文學大系・散文二集》的導言裡這樣說：林語堂《剪拂集》時代的雜文是「真誠勇猛」的，

「他的文章雖說是模仿語錄的體裁，但奔放處，也趕得上那位瘋狂致死的超人尼采。」也正是如此，林語堂與魯迅志同道合，開始建起了眞摯的友情。

在中國二十年代初期的文學界，《語絲》雜誌具有地震般的威力，它是五四新文化運動之後的又一重鎭。在它的身邊聚集了很多知名作家和學者，其中以十六位支持者爲主要的固定的撰稿人，他們是魯迅、周作人、錢玄同、林語堂、江紹原、川島、章衣萍、顧頡剛等。而在這中間，林語堂是最爲積極、最爲熱心、最爲勇猛的一位幹將，可以說，《語絲》是林語堂最具叛逆精神的時期。當然，此時的林語堂也不只是一個劍拔弩張、橫眉冷對的鬥士，他還有輕鬆自由、逍遙自在的一面。比如，他對北京的山水、園林、宮殿、廟宇、街道、四合院和胡同等非常喜愛。還有那些誘人的風土人情和文化藝術，像詩人、藝人、拉車夫、乞丐、和尚、妓女、太太、小姐及前清遺老等等，這些都讓林語堂著迷。林語堂後來曾寫過一部專門介紹老北京文化的著作叫《輝煌的北京》，這是他對老北京認識經驗的全面概括。林語堂曾表示說：老北京眞如同一個國王的夢境，它散發著迷人的色彩、聲音、氣味以及光與影，當然包括那些讓人充滿生命力的土氣。

一九二五年三月，孫中山在北京協和醫院病逝，林語堂陷入了深深的悲痛之中，他一面參加了萬人瞻仰國父靈柩向中央公園移送的行列，一面寫出了《論性急爲中國人所惡——紀念孫中山先生》。在這篇文章中，林語堂一面讚美孫先生之「性急」，一面針對魯迅的「思想革命」提出「性之改造」。他說：「中國人今日之病固在思想，而尤在性癖。革一人之思想比較尙容易，欲使一惰性慢性之人變爲急性則殊不易。中國今日豈何嘗無思想，無主義，特此所謂主義，紙上之主義，此所謂思想，亦紙上之思想而已，求一爲思想主義而性急，爲高尙理想而狂熱而喪心病狂之人，求一轟轟烈烈非貫徹其主義不可，視其主義猶視其自身革命之人則不可得，有之則孫中山先生而已。」

一九二六年三月十八日早晨，學生劉和珍以學生自治會的名義打電話向林語堂請求放假停課一天，學生要去遊行示威，因爲當時林語堂是女子師範大學英文系教授兼教務主任。林語堂認爲出於愛國行爲，學生集會和遊行是不會有什麼危險的，何況他們又是對於外國帝國主義採取抵制，而不是直接面對中國政府，所以就未加思索地同意了。但林語堂萬萬沒有想到，很快傳來消息說遊行學生出事了，中國政府向青年、學生開槍射擊，殺死殺傷多達二百餘人。在驚心之餘，林語堂來到國務院時，一進門就看到劉和珍的屍體躺在一口棺材裡，而另一位學生楊德群也死了。由此，林語堂第一次看到了臨時政府的凶殘和無恥。面對這樣的慘案，林語堂挺身而出，在案發之後的第三天就寫下了《悼劉和珍楊德群女士》文，表達了自己對心愛學生之死的無限悲哀，也表達了自己對中國政府凶殘本性的強烈控訴。文章結尾說：「劉楊二女之死，同她們一生一樣，是死於與亡國官僚瘟國大夫奮鬥之下，爲全國女革命之先烈。所以她們的死，於我們雖然不甘心，總是死的光榮，因此覺得她們雖然死的可惜，卻也死的可愛。我們於傷心淚下之餘，應以此自慰，並繼續她們的工作。總不應在這亡國時期過一種糊塗生活。」這雖然是以筆代槍，但在政治局勢如此黑暗的統治之下，林語堂能夠如此無畏無懼地堅持正義，也是十分難能可貴的。緊接著，林語堂又繼續發表了《閒話與謠言》、《討狗檄文》、《文妓說》和《泛論赤化與喪家之狗》等文章，進一步揭露與批判中國政府及其御用文人的醜惡嘴臉。更值得一提的是，林語堂不只是寫寫文章，有時他還直接參加學生的示威遊行，並用旗竿和磚石向警察和警察雇來的流氓拚鬥，當然他自己也有掛彩的時候。

反動當局面對進步作家的口誅筆伐惱羞成怒，他們開始蓄謀採取高壓政策，一些進步作家學者都上了被鎮壓的黑名單，魯迅和林語堂也在其中。最先受害的是《京報》總編輯邵飄萍，他未經審訊即被槍殺，而後在社會和文壇引起軒然大波。當時，林語堂的第二個女兒林太乙剛剛出生不久，妻子廖翠鳳又抱怨丈夫不好好的教書，而過於熱心於政治，魯迅也躲進了德國醫院。這都使林語堂不得不慎重起來。他先是在家裡悄悄做了一副繩梯，準備一有動靜就過牆逃走。後來風聲越來越緊，家裡已相當危險，林語堂一家不得不外出躲避。他們先到東交民巷的法國醫院，後又轉到朋友林可勝大夫家裡，在那裡藏了二十多天。

躲來躲去總不是長久之計，因爲林可勝的父親當時在廈門大學任校長，他邀請林語堂去廈門大學做文科主任，林語堂就接受了這個邀請。同時，林語堂還聘請魯迅、沈兼士、孫伏園、顧頡剛等人去廈門大學任教授。這樣，他們既可擺脫險惡的形勢，又可共同發展廈門大學。也是因爲這一事件，引出了林語堂與魯迅那段友誼佳話，後來，這一佳話在文壇長久地爲人們所傳頌。

二、廈大的艱難歲月

福建是林語堂的老家，廈門又是他曾經讀書的地方，那裡留下了他童年和少年的身影、快樂、憂思與夢想。可以說，那裡的山山水水，一草一木都與林語堂保持著深厚的感情聯繫。所以，此次回來除了躲避政治風險外，還有點舊地重游，重溫舊夢的意味。尤其是林語堂聽說，廈門大學是愛國人士陳嘉庚資助的，經濟勢力相當雄厚，而校長林文慶博士也雄心勃勃，用重金聘請國內著名的專家學者，大有一展鴻鵠之志，大幹一番事業的架勢。所以，林語堂來廈門大學也是心情激蕩，他多麼想與魯迅等人一起合力而爲，將廈門大學這個一九二一年才建校的新校，至少是文科和國學研究院發揚光大起來。

但是，林語堂與魯迅等人來到廈門大學後的實際情況卻遠遠出乎他們的意想。校長林文慶自己兼任國學研究院的院長，林語堂任總祕書，但實際上林語堂沒有多少實際權力，不可能按自己的設想來發展。尤其以林語堂與魯迅為中心的北京大學和女子師範大學衆教授來廈門大學，造成了巨大的聲勢，這引起了一些人的擔心，擔心廈門大學被北大化和女師大化，而林文慶本人也不可能不擔心。所以，一面是希望廈門大學能獲得發展，一面又是擔心權力旁落，這可能是林文慶的微妙心理。所以，一方面林文慶給林語堂、魯迅等教授的薪水非常高，另一方面又牢牢地將國學研究院的權力掌握在自己手中，並且嚴格地限制國學研究院的經費。本來就非常有限的經費，結果在一九二六年底，林文慶又以陳嘉庚效益不好為由決定進一步縮減研究院的經費，這樣刊物的發行、研究論著的出版等都成為一個問題。對此，林語堂在據理力爭無效的情況下，提出辭去總祕書一職。而魯迅也在國學研究會召開的會議上向林文慶提出強烈的抗議，表示如果研究院的經費不能保證，他將離開廈門大學。這樣，校長只得讓步，取消原來縮減研究院經費的決定。

最令林語堂和魯迅不能容忍的是廈門大學理科主任劉樹杞。因為他自己掌管著廈門大學的財權，所以他千方百計發展理科而擠壓文科，本該是文科和國學研究院的正常經費，劉樹杞也找出各種理由加以限制，結果林語堂和魯迅等人徒有宏大而美好的發展計劃，卻根本沒有經費來實施這些計劃。到後來，劉樹杞竟然發展到干預國學院的事務，刁難魯迅的生活與住所。比如，他讓魯迅三次移住處，最後一次竟然讓魯迅住到理學院大廈的地下室裡，這使得魯迅不可思議、大發脾氣。對於劉樹杞的小人舉動，魯迅氣憤得「目瞪口呆，鬍鬚盡翹起來」。由於魯迅隻身一人在廈門，而他又不是一個自己能夠照顧好自己生活的人，所以生活非常隨便、簡單，常常是自己用白水煮火腿度日。林語堂看到這些，多方幫助魯迅解決生活的困難，盡量請魯迅吃飯。如魯迅在《兩地書》裡多次記載林語堂對他的關心：或是中秋節送一筐月餅來，或是請魯迅吃晚飯。後來，魯迅回憶說：他比沈兼士隨便些，林語堂的兄弟及太太都很爲他的生活操心。即使這樣，林語堂也還是對魯迅抱著歉意，他感到自己未能盡到地主之誼，因爲魯迅是他邀來的，無論怎麼說讓魯迅受苦是他的不是。

還有國學研究院內部的不團結：一面是以魯迅爲代表的語絲派，一面是以朱山根爲代表的現代評論派。魯迅對胡適的現代評論派是反感的，朱山根等人則只佩服胡適和陳源等人，而不把魯迅放在眼裡。因爲林語堂與胡適私交不錯，所以對現代評論也採取「不偏不倚」的態度，在進人、用人等方面都是這樣。因爲這一點，魯迅對林語堂也有一些誤解，而林語堂則沒有意識到問題的癥結在哪裡？這裡，確實存在著朱山根等人對魯迅的排擠，但魯迅本人的意氣與偏見卻也是應該承認的。比如，後來魯迅在給許廣平的信中，對朱山根表示出極力蔑視之意，還對朱山根等人「夜間玩留聲機，什麼梅蘭芳之類」更是不以爲然，恐怕就有些偏激。

最後魯迅還是離開了廈門大學，這對林語堂的打擊太大了，從此，他感到自己更孤立了。爲給魯迅送行，林語堂寫了《譯尼采〈走過去〉——送魯迅先生離廈門大學》，對以廈門大學爲代表的醜惡進行了無情的鞭笞。林語堂這樣憤恨地說：「這邊是遁世思想的地獄：這邊偉大的思想要活活的熬死，烹小。」「這邊偉大的心情都要枯萎：這邊只有僵瘦骷髏似的感觸鏕鏕磷響！」「這邊的魂靈不是已經頹喪如沒漿骯髒的破布？——他們倒用這些破布做新聞紙！」「這邊血管裡的血都已穢臭，微溫，起沫。啐這個大城，這個天地間渣滓泡沫漂泊沸騰之處！」林語堂的認識是否完全正確姑且不論，但他對廈門大學和整個中國社會的現狀之感受卻是非常清楚的，這是一個令人無所事事的可怕的「大城」。

魯迅憤恨的離開廈門大學，也引起了學生對廈門大學的強烈不滿，學生會帶領學生們掀起了共同驅逐劉樹杞的學潮。劉樹杞無奈只得離開廈門大學，這樣學生又將矛頭指向校長林文慶，林文慶不得不遠走南洋向陳嘉庚告急。林語堂心知廈門大學再也不能待下去了，於是不得不於一九二七年初離開廈門，而應國民政府外交部長陳友仁之邀，到武漢去做祕書了。在去武漢的路上，林語堂順便拜訪了在上海的蔡元培，蔡元培不同意林語堂赴武漢，但林語堂決心已定，沒有接受勸告。在武漢，林語堂除了有機會認識了宋慶齡，幾乎一無所獲。這樣，在做了六個月的祕書後，林語堂說他已厭惡了官場和那些所謂的革命家，而辭職離開武漢來到上海。在經過一番周折後，林語堂選定上海作爲自己的發展基地，以後的十年是林語堂人生的黃金時代，也是林語堂眞正走自己的路，充分發揮自己的個性與才華的大好光陰。在這段時間裡，林語堂如天上的一顆大星，透過黑的天幕，發出了他耀眼的光亮。也是因爲有林語堂的存在，中國現代文化和文學才有了更爲豐富的內涵和色調。在這裡，除了魯迅、周作人等人的貢獻，還有林語堂自己的貢獻。

第五章　開天闢地

在林語堂的眼裡，上海並不如北京那樣美好而迷人，它如同一個怪胎令林語堂有些厭惡。林語堂曾在《上海頌》中用反語極盡挖苦、咒罵上海為能事。作者這樣寫道：「上海是可怕的，非常可怕的。上海的可怕，在它那東西方的下流的奇怪混合，在它那浮面的虛飾，在它那赤裸裸而無遮蔽的金錢崇拜，在它那空虛，平凡，與低級趣味。上海的可怕，在它那不自然的女人，非人的勞力，乏生氣的報紙，沒資本的銀行，以及無國家觀念的人。」但是，就是這個「可怕的」大上海，成就了林語堂的事業，這也是令人難以尋味的。

一、《子見南子》案

林語堂到了上海，先去拜訪了此時也來到上海的魯迅，並與魯迅、許廣平和孫伏園兄弟等人一起合影留念，這是一張標誌著林語堂與魯迅深厚友情的照片。一九二七年底，中央研究院正式成立，蔡元培被任命為院長。由於蔡元培非常讚賞林語堂的英文和人品，所以林語堂被聘爲研究院的英文總編輯。蔡元培也給林語堂留下了十分深刻的印象，後來，林語堂寫過《想念蔡元培先生》和《記蔡孑民先生》等文章以表示對蔡先生的敬仰之情。林語堂說：「蔡先生是我所敬愛欽佩的一個人。在革命元老中，我認爲他比較眞正認識西方思想。他書眞正看，而思路通達。」「蔡先生和我都家居愚園路，每天上班，得與蔡先生同車，使我更親切認識蔡先生。果然是一位溫文爾雅的長輩，說話總是低微的聲音，待人總是謙和溫恭，但是同時使你覺得他有臨大節凜然不可犯之處。他的是非心極明。」由此可見，蔡元培的思想和人品在林語堂心目中有著崇高的地位。

中央研究院的英文總編輯實際上並沒有多少事可做，這樣正好合了林語堂的心意，使他有時間讀書和寫作。此時，魯迅和郁達夫在上海編輯了月刊《奔流》，林語堂就爲這個刊物寫了一個獨幕劇《子見南子》，作品於一九二八年一卷六期刊出。

《子見南子》是一個反對封建倫理思想，提倡個性解放與自由思想的作品。它一改長期以來儒家正統派對孔子的肆意歪曲，即認爲孔子是一個只講禮義、倫理、道德的老學究，而是提出這樣的觀點：孔子首先是一個人，是一個活生生的人。他幽默、自然、講究情理，有喜樂也有憂傷，有愛也有恨。在整個戲劇中，孔子失去了往日那種不食人間煙火的「聖人」身份，而是成爲有血有肉的普通人。換言之，林語堂重點不在於揭示孔子那系統而深入的思想與觀念，而主要是從生活和人生切入孔子的內心世界及其靈魂。一向凜然不可侵犯的孔子在林語堂筆下則成爲一個活潑任性的孔子。當然，林語堂完全沒有醜化孔子的意思，他只是將長期以來人們包裹在孔子身上的衣飾揭去，還孔子一個「赤裸」之身心。

這個作品發表後，引起人們的廣泛關注，尤其在社會上尊孔復古之風盛行之時更是如此。一些學校紛紛將它搬上舞台，這樣觀衆可以更加直觀地看到一個與以往人們心目中迥然不同的孔子形象，人們既覺得這個作品可以衝破封建思想和文化的羅網，又覺得它有趣和好玩。一九二九年六月八日，《子見南子》被山東省立第二師範學校搬上舞台，這一下可捅翻了馬蜂窩，觸怒了孔子六十多戶族人。他們認爲《子見南子》污辱和醜化了他們的祖宗，是一個胡編亂造的劇本。孔子族人共同署名狀告山東省立第二師範學校校長宋還吾，並且將案子告到教育部。當時的工商部長孔祥熙力主嚴辦。後來，教育部派人前去山東曲阜調查，結果發現孔子族人所呈狀紙與事實根本不符，完全是小題大做。在這期間，新聞媒體也主要站在《子見南子》和第二師範學校這一邊。但即使如此，孔子族人最後還是以「勝利」而告終，宋還吾仍然還是丟了校長之職，被調到廳裏等待另有任用。

後來，林語堂專門寫過文章談他對「《子見南子》風波」之印象。他認爲：以一個劇本引起這樣的一個大官司，從中可看出當前政治思想和社會生活的衆滑稽相，也可看出反對封建舊禮教的必要性和迫切性。當然，林語堂對宋還吾校長所受的不白之冤也表示歉意。爲了表示自己的觀點和對林語堂等人的支持，魯迅將這場風波的前後事項和材料編輯成《關於〈子見南子〉》一文，發表在《語絲》五卷二十四期上，這是魯迅與林語堂這一對老朋友最爲默契的時間。但是，好景不長，林語堂與魯迅的「蜜月期」就宣告結束了，以前他們是「殊途同歸」，而現在他們開始面臨著「分道揚鑣」了。那是一九二九年八月二十八日在南雲樓晚飯，參加者有魯迅夫妻、林語堂夫妻、郁達夫夫妻，還有一個青年作家張友松。席間，張友松談到準備自己辦一家書店或雜誌，希望得到這些著名作家的支持。他還表示，他將決不像北新書店老板李小峰那樣克扣和欠賬。林語堂對張友松的話表示贊同。想不到魯迅對林語堂竟然大發脾氣，認爲這是林語堂對他語含譏諷，因爲李小峰確實與他發生過稿費官司。林語堂自己不知內情，竟也與魯迅爭執起來。對此，魯迅說林語堂當時是「鄙相悉現」，而林語堂也說他們當時「形如鬥雞」，對峙了足足一兩分鐘。

二、版稅大王和小品文主將

除了在中央研究院拿到一份薪水，林語堂還通過寫作、編書掙得一筆數字相當可觀的稿費。後來，林語堂創辦《論語》、《人間世》等刊物，銷量很大，引起了人們的廣泛關注與喜愛。在這個過程中，林語堂也大獲版稅，成爲當時有名的「版稅大王」。有研究者這樣統計說，林語堂確實是「暴發」了：「開明的每月版稅七百元左右；中央研究院月俸三百元；後來編輯《論語》、《人間世》、《宇宙風》等雜誌時的編輯費（《人間世》的編輯費每月五百元，《宇宙風》每月收入不下一千元）；《天下》創刊的編輯費等等，再加上在中外報刊上零星投稿所得的稿酬。估計每月收入近二千個大洋（按目前中國銀行的比價是一銀元兌換人民幣二十元），折合現在人民幣，當年的林語堂，每月收入四萬元。年收入近五十萬元。」（施建偉：《林語堂傳》，北京十月文藝出版社一九九九年版，第二四八頁）

自從在法國爲中國勞工編輯認字課本獲利開始，林語堂就可能確定了這樣一個基本想法：由於有更多的人需要知識「普及」，所以編輯課本和教材是大有市場的，尤其是編輯那些通俗易懂，品位高尚的課本與教材更是如此。當時由周越然編輯，上海商務印書館出版的《模範英文讀本》銷售很好，開明書店老板章錫琛也想組織人編輯一套英文教材，當他得知林語堂是德國的語言學博士，而且英文水平非常高，又是一個聰明靈氣、品位高尚的人，就急不可待地要與林語堂合作。經過反覆的協商與談判，林語堂可得百分之十的版稅。當然，雙方還規定，如果在合作過程中感到有什麼不妥，雙方可以再議。經過努力，林語堂的《開明英文讀本》面世，全書分爲讀本、文法和文學作品三本，因分類的科學、內容的豐富和選文的典型大受歡迎，而且想不到的暢銷，這爲開明書店帶來了源源不斷的財源，也爲林語堂帶來了大量的版稅。從此，林語堂成爲上海文壇引人注目的人物。在這期間，林語堂的第三個女兒也誕生了，父親爲她取名相如，對比兩個姐姐，相如出生時，家裡的收入很好，生活穩定，父母的心情也好多了。

對比編輯《開明英文讀本》，創辦《論語》是林語堂的又一項大的舉措，如果稱之爲「革命」性行動也不爲過。一九三二年由林語堂主編的《論語》半月刊正式創立，據章克標回憶，這個刊名是他提出來得到了大家的一致贊同。至於刊物的宗旨，章克標認爲，開始大家也沒有什麼明確的目的，我認爲這是不確的。因爲林語堂早在數年前就發表了《征譯散文並提倡「幽默」》的文章，首次將"humour"一詞譯成「幽默」，同時對當時的刊物都比較嚴肅，有著濃郁的道學氣表示不滿。林語堂還認爲如果在文章中加入一些調侃和幽默，那就會使文章更加生動有趣。事過多年，文壇的死氣沉沉沒有什麼改變，反而更爲明顯，林語堂要辦一個幽默刊物的想法就越發成熟起來。在與同仁的討論中，林語堂提出自己的主張：如果由他們來辦一個刊物，能消消閒，解解氣，發發牢騷，幽它一默，那一定能受到大家的歡迎，它的這個提議得到大家的首肯。至於負責人，因爲林語堂時間充裕，名氣又大，並且辦幽默輕鬆刊物的意識也比較明確，所以大家當然都公推他來擔任起草《論語》的辦刊宗旨和組稿、審稿的工作；而《論語》的出版發行則由經營著時代書店的邵洵美負責。

與許多刊物創刊宗旨的嚴肅認眞不同，林語堂在《論語社同人戒條》中則表現出強烈的隨意性、幽默情調和自由精神，這是一種觀念的根本改變，標誌著文學要眞正擺脫政治、思想等等的束縛，而成爲它自己的獨立精神品格。「戒條」中有這樣的規定：一是不反革命。二是不評論看不起之人。三是不破口罵人。要謔而不虐，尊國賊爲父固不可，名之爲王八蛋也不必。四是不拿別人的錢，不說他人的話。五是不附庸風雅，更不附庸權貴。決不捧舊戲明星，電影明星，交際明星，文藝明星，政治明星，及其他任何明星。六是不互相標榜，反對肉麻主義。避免一切如「學者」、「詩人」和「我的朋友胡適之」等調子。七是不做痰迷調，也不登香艷詞。八是不主持公道，只談老實的私見。九是不戒癖好，如抽煙、啜茗、賞梅、讀書等。十是不說自己的文章不好。我認爲，林語堂開出的刊物戒條，不論是在內容上，還是在形式上，或是在語調和用詞遣句上，都值得認眞研究。如此直率而又幽默地開出自己獨特的文學主張，並用「戒條」來說明，這裡蘊含了林語堂豐富的想像力和驚人的創造性。這在二十世紀中國刊物史和文學史上是值得大書特書的。

《論語》這個第一次打出「幽默文學」的刊物出版後，得到了讀者的熱烈歡迎，人們奔相走告，興高采烈。只是創刊號就重印了好幾次。此時的「幽默」成爲一個象徵符號，人們言必談幽默，口口相傳，到一九三三年這一年竟然被命名爲「幽默年」。後來，林語堂將陶亢德請來負責具體的編務，這個做事穩重扎實而又雷厲風行的年輕人，將《論語》辦得更上了一層樓。在此之後，徐訏也爲《論語》立下了汗馬功勞。林語堂自己也曾自豪地說，《論語》後來竟然發行到四萬多份。校長羅家倫博士曾對林語堂說過這樣的話：他若有事在公告欄裡登廣告，只要登在林語堂辦的《論語》上就可以了，由此也可看出《論語》雜誌反響之大。後來，林語堂又於一九三四年四月創辦《人間世》半月刊，開始銷量並不理想，後來發行量越來越大，並且有取《論語》而代之的傾向。在《人間世》的「發刊詞」中，林語堂沿著《論語》的主旨繼續闡發自己的文學觀：提倡「以自我爲中心，以閒適爲格調」；既注重「宇宙之大」，又不忽略「蒼蠅之微」；提出將「性靈」作爲幽默文學的命脈。林語堂還提出要重視半白半文的「語錄體」。應該說，林語堂的這一文學思想受明代三袁等人的思想影響甚大，也與周作人的文學觀一脈相承，它對於改變中國現代文學過於依附於政治、道德和思想是一種糾偏。

還應指出的是，林語堂不僅在小品文刊物的創建上立下赫赫戰功，掀起了一個小品文復興、發展的革命，而且他自己本人就是這一小品文觀念的實踐者，也可以說，林語堂的小品文是當時的上品：既有境界、品位，又有內容和氣勢，還有開闊的視野，十足的韻味，同時又有自然而然的形式表達。換言之，林語堂小品文極得幽默、閒適和性靈的旨趣。比如，《論西裝》、《大暑養生》、《我的戒煙》、《論幽默》、《論談話》、《秋天的況味》等都是這樣的篇章，它們往往能從「無」生「有」，常中見奇，在毫無波瀾中見出狂濤巨浪。此時的林語堂如一個元氣充沛的高人，總能在不經意中讓自己的思想與才情從內心汩汩流出，浸染人們乾渴的心田。我有時甚至想，三十年代林語堂寫的小品文彷彿得之於神助，有時真有點石成金，化腐朽爲神奇之妙！當然，此時間林語堂的小品文也有不少屬於平庸之作，未能見出幽默、閒適和性靈來。

但是，在《論語》和《人間世》熱得發紫時，它卻也受到來自各方面的批評，其中魯迅的批評是不留情面，也是很具有代表性的。魯迅認爲，在風沙撲面，豺狼當道的時勢下，如此不遺餘力地倡導幽默，將會把人心磨得平滑。魯迅還認爲，這樣的時代根本不是幽默的時代，而應該是注重「匕首」和「投搶」的時代。魯迅的批評不無道理，它對於克服幽默造成的人們心靈之麻木是有益的，但是，魯迅將能否幽默歸結於時代卻也存在疑問。試想，陶淵明時代不見得就「平靜」，但他的文學卻是很有意義的。問題的關鍵是如何理解文學的本質？是讓文學跟從時代和思想奔跑，還是將文學當成心靈的培育與解放？後來，魯迅還眞誠地勸過林語堂，希望他在年強力壯的時候，多幹些有益於國家人民的事，如用他擅長的英文多翻譯些外國文學作品之類。但林語堂卻認爲，他的倡導「幽默和閒適」就是最有意義的工作，這可以改變中國人的心靈的異化。他說，當今中國人的不自信、焦躁、罵人與隨風倒等惡習，都是由於缺乏幽默之心靈造成的。而至於翻譯外國文學作品，那要等到年老之後再說罷。這對林語堂來說，也是實話，比如後來在翻譯自己的英文長篇小說上，林語堂本想自己將它譯成中文，但因爲他想節約下時間繼續進行創作，所以未能如願，只好請求好友郁達夫代勞。魯迅卻不這樣想，他認爲林語堂的話是諷刺自己「老了」，因爲魯迅一直在從事翻譯工作，而且將翻譯當成一項最爲重要的工作。本來，林語堂與魯迅在出現第一次不合後，很快和好了，如他請魯迅爲《論語》寫稿，魯迅也照辦了。但經過這件事，林語堂和魯迅的關係第二次出現了緊張局面。

在一九三二～一九三四年這中間還有幾件事值得記下：一是林語堂參加中國民權保障同盟會，他以宣傳主任的身份做了大量工作。同盟會有宋慶齡、蔡元培、楊杏佛、林語堂等七人。後來又增選了魯迅等人。二是諾貝爾文學獎獲得者、愛爾蘭戲劇大師蕭伯納訪問上海。林語堂與其他同盟會成員一起參加了接待工作。在此次會面中，擅長英文的林語堂是中國的幽默大師，他與蕭伯納這位世界幽默大師展開了對話。比較有名的是：林語堂說起赫理斯比亨德生的蕭伯納傳寫得好，而蕭伯納卻說赫理斯窮瘋了，寫耶穌傳不賺錢，書店老板要他寫一本蕭伯納傳，他才寫，結果好多事實都搞錯了。另外，當有人恭維蕭伯納能有福氣在上海看到太陽，想不到蕭伯納竟這樣回答說：「不，我想是太陽有福氣，能在上海看見蕭伯納。」通過這一次，林語堂對蕭伯納佩服得五股投地，更堅定了自己發展幽默文學的決心。三是林語堂的侄子林惠元以「通匪」罪被殺害，不久，楊杏佛也被槍殺，這對林語堂的刺激太大了。對林語堂是否參加楊杏佛的追悼會，長期以來人們一直認爲林語堂被嚇破了膽，不敢露面。但據倪墨炎說，林語堂雖沒有參加六月二十日楊杏佛入殮儀式，但七月二日的出殯下葬他卻去了：「其實，林語堂是前往吊唁的。……據一月三日《申報》所載往吊人物名單，林語堂是七月二日前往靈堂致哀的。」（《爲林語堂辨正一件事》）四是林語堂與諾貝爾文學獲得者賽珍珠會面，於是才有可能誕生林語堂那部影響巨大的文化隨筆集《吾國與吾民》。

三、讚賞姚穎的小品文

林語堂是一個外表平和而內心有幾分高傲的文人，在他眼裡，心裡眞正佩服的人並不太多，而他佩服的人中多數都是古人，是前輩、同輩成名者，卻少有晚輩而未成名者，而姚穎可能是獨特的一位，尤其從幽默小品文創作方面來說更是這樣。

三十年代林語堂以創辦《論語》、倡導幽默小品而名聲鵲起，但卻苦於缺乏眞正的幽默小品文，許多作家的小品不是過於嚴肅就是過於尖刻滑稽。在林語堂看來，眞正的幽默小品應該是「含著思想的微笑」，應該像吃橄欖一樣，「初嘗帶點苦味而回味甚甘」，所以眞正的幽默小品以「婉約含蓄」爲上乘。姚穎的小品是少有的例外者之一，林語堂給予姚穎的評價甚高。他說：「她是《論語》的一個重要台柱，與老舍、老向（王向辰）、何容諸老手差不多，而特別輕鬆自然。在我個人看來，她是能寫幽默文章談言微中的一人。」（《姚穎女士說大暑養生》）

更有甚者，林語堂頗有引姚穎爲文學知己之感。如他在爲姚穎《我的書報安置法》做跋裏這樣感嘆道：「我久想做一篇文章，專談書報之安置法，得姚穎先生來稿，題目既然觸目，如有人奪我至寶然，一讀下去，又盡發我心竅裡所獨得之祕。噫，吾鳥可無言乎！」對某些古董收藏家的批評，林語堂也認爲：「今則又得姚公闡發此理，心中如發奇癮。可見如肯說老實語，見從己出，千古自有同契之人。」之所以林語堂稱姚穎爲「姚公」，主要是因爲林語堂此時還認爲她是一位男士呢！林語堂接著說到他與姚穎間發生的共鳴：「至姚公謂書做枕頭的話，十年前吾已發明此理，有詩爲證：青蓮詩集厚，久讀人困臥。本是枕詩眠，醒來詩枕我。」林語堂曾提出這樣的觀點：讀書實際上是讀者在尋找與自己相似的靈魂。而他對姚穎就存在著這樣的感受：姚穎經常說出林語堂心中的話。

不只是林語堂一人，《論語》編輯室的同仁、一般讀者也都喜愛姚穎女士的小品。林語堂這樣描述姚穎小品在當時的炙手可熱、人見人愛之盛況：「這兩天因爲溽暑逼人，想到姚穎女士的《大暑養生》妙文，又因重讀這篇舊文章，懷想這位才女。」「當時《論語》半月刊最出色的專欄就是《京話》，編輯室及一般讀者看到她的文章總是眉飛色舞。」甚至「當時南京要人也欣賞她談言微中的風格」。（《姚穎女士說大暑養生》）

那麼，姚穎幽默小品到底有什麼獨特的地方呢？一是隨意的選材；二是靈性渾發，常有驚人語；三是純熟的幽默；四是溫柔敦厚的意趣；五是輕鬆閒適的筆調。這些又與林語堂的文學觀、文風不謀而合。

林語堂與姚穎之間並不是故交，也不是新友。在姚穎給《論語》寫稿時，林語堂與她還從未謀面，甚至不知姚穎是何許人，也不知是男是女，所以才有可能在一九三四年稱姚穎爲「姚公」。由此可見林語堂的品性：取人不以文名，不以友朋，而是重視和愛惜人才。據林語堂自己稱，後來他曾見過姚穎一面，並略述她的情況說：「姚穎女士是王漱芳的太太，大概是國內某大學畢業，我只見過一面，也是婉約貞靜一派，不多言。王漱芳記得是貴州人，那時當南京市政府或某機關的祕書，所以京話內容很豐富。抗戰時，王氏在甘肅、蘭州一帶墮馬而死。那時聽說她和她母親住在重慶附近南溫泉。以後的事便不得而知了。」（《姚穎

女士說大暑養生》）

在姚穎著《京話》（上海書店一九九九年版）裡有這樣的出版說明：「《京話》是一部以三十年代南京官場百態和社會世相爲題材的紀實性雜組，署名姚穎，實爲王漱芳著。」「王漱芳用『姚穎』之名撰寫《京話》，曾是舊時文壇的一段軼聞，以至現在尚有若干筆名室號一類的工具書猶以『姚穎』爲其筆名。其實姚穎即王之妻子，江蘇武進人，北伐戰爭期間應東路軍政治部招考從戎，以能寫一筆小楷趙書，分往祕書室抄寫文件，遂與王相識並結合。當時與王同在祕書室供職的劉健群對此經過憶述頗詳，復謂王漱芳去世後，姚即孀居貴州云云，後事失考。」在這裡，編者說他的觀點依據的是上海書店出版的《民國世說》，顯然，這與林語堂的看法出入很大。

到底《京話》出之何人之手，是王漱芳還是他的妻子姚穎，這段歷史公案今天已難說得清楚，即使說清楚也沒有太大的意義了，但有一點可以肯定，那就是：以姚穎之名著成的《京話》深受林語堂的稱賞，姚穎被林語堂視爲文學知己，這卻是事實。從這裡，這們一面可以看出林語堂的文學思想、個性品格和審美情趣，也可體味茫茫人生中難以言說的一些深長的滋味，比如像姚穎這樣一個爲文學做出貢獻的作家，只有幾十年時光的流水就已遮埋了她的眞實身份，那麼在歷史的人生的長河裡又有多少東西能夠說得明白呢？

四、與魯迅決裂

如果說在《語絲》時期，林語堂是魯迅的支持者，他們是同一個戰壕的戰友，那麼，到了三十年代，林語堂與魯迅開始出現分歧，甚至最後分道揚鑣。從中也可以看出，在思想和價値觀念上，林語堂開始走自己的路了。較早一次在林語堂和魯迅之間出現最難堪局面，那是一九二九年八月二十八日。當時，魯迅夫婦、林語堂夫婦、郁達夫夫婦被邀請到上海的南雲樓吃晚飯，臨結束時，因爲林語堂說了一句什麼話，魯迅站起來訓斥林語堂，而林語堂也毫不示弱，反唇相譏，於是兩人鬧翻了。當時的具體原因、情況是怎樣的，當事人的說法不一，但有一點可以肯定，那就是由於這一次不快，魯迅眞生了氣，他的日記裡以後長時間沒有了林語堂的記載，而林語堂也是這樣，長時間與魯迅不相往來。據魯迅當日的日記載：「席將終，林語堂含譏刺，直斥之，彼亦爭持，鄙相悉現。」而林語堂則在《無所不談合集・林語堂自傳附記》中也說過這件事，他說：「有一回我幾乎跟他（指魯迅，筆者注）鬧翻了。事情是小之又小，是魯迅精神過敏所致。……張友松要出來自己辦書店或雜誌，所以拉我們一些人。他是大不滿於北新書局的老板李小峰，說他對作者欠帳不還等等，他自己要好好的做。我也說兩句附合的話。不想魯迅疑心我在說他。眞是奇事！大概他多喝一杯酒，忽然咆哮起來，我內子也在場。怎麼一回事？原來李小峰也欠了魯迅不少的帳，也與李小峰辦過什麼交涉，我實不知情，而且我所說的並非維護李小峰的話。……他是多心，我是無猜，兩人對視像一對雄雞一樣，對了足足一兩分鐘。幸虧郁達夫作和事佬，幾位在座女人都覺得『無趣』。這樣一場小風波，也安靜渡過了。」且不說，這兩個人記錄的細節是否確當，但兩人都生了氣是肯定的。再從文本看，魯迅認爲林語堂是有意「譏刺」，並罵他是「鄙相悉現」。而林語堂說他自己是「無猜」，說魯迅是「多心」，是「多喝一杯酒」。在這中間透出了魯迅對林語堂的「厭惡之情」，而林語堂對魯迅沒有不敬之詞，甚至還帶有「理解」之意，爲魯迅讓人落不下台的大發脾氣尋找理由。林語堂女兒林太乙還說過：「語堂心目中無惡人，他認爲魯迅易怒多疑，是因爲他身體不好的緣故。」（《林語堂傳》，中國戲劇出版社一九九四年版，第九十八頁。）林語堂沒有將此事放在心上，而是將它看成是「一場小風波」，並說「幸虧」郁達夫做了和事佬，沒讓事態鬧大。但魯迅卻是將此事當成「大事」的，在以後三年多時間裡，魯迅沒有在日記裡記下他與林語堂有任何交往。對此事郁達夫也談到他的看法，他說：「北新請大家吃飯的那一天晚上，魯迅和林語堂兩人，卻因誤解而起了正面的衝突。……魯迅那時，大約也有了一點酒意，一半也疑心語堂在責備這第三者的話，是對魯迅的諷刺；所以臉色發青，從座位裡站了起來，大聲的說：『我要聲明！我要聲明！』。」

郁達夫的話與林語堂比較接近，承認二人是「誤會」，事實上後來魯迅自己也明白是誤會，郁達夫說：「這事當然是兩方面的誤解，後來魯迅原也明白了；他與語堂之間，是有過一次和解的。」（《回憶魯迅》）儘管兩人解除了「誤解」，但魯迅對林語堂的「反感」卻沒有多大改變，而林語堂也眞正認識了魯迅的性格和脾氣，那種「多疑」和「霸氣」，不能容忍，更不給人餘地的做法。所以兩人長時期都沒有什麼交往。因爲在朋友之間，重要的是理解和寬容，所謂的做「諒友」而不做過分的苛求，就是這個道理。或許在林語堂看來，魯迅的性格過於強制了，脾氣過於嚴酷了，與這種性格的人相處要提心吊膽，防不勝防，稍不如意就可能遭受到他毫不容讓，更不留情的訓斥和責罵。這對於受自由精神熏陶、個性突出且喜愛和諧幽默的林語堂來說，恐怕難以接受。難怪林語堂不理解，魯迅何以因爲一件區區小事竟能「忽然咆哮起來」，認爲這「眞是奇事！」並在自己毫無面子的情況下與魯迅形如鬥雞地足足對峙了一兩分鐘。

一九三二年林語堂創辦《論語》雜誌倡導「幽默」，一時幽默成風，以至於一九三三年被稱爲「幽默年」，在這段時間裡，魯迅參加左聯，成爲左聯主將，而林語堂則成爲論語主帥，在文學觀念上更是相去甚遠。但這時有一事又將他們聯結起來，那就是宋慶齡和蔡元培組織的「中國民權保障同盟會」，簡稱爲「同盟」。林語堂是同盟的宣傳主任，而魯迅是委員。共同的政治志趣又將這兩個長期不來往的老友聯繫在一起。因爲宋、蔡二人都是林語堂和魯迅敬佩的人，他們兩人本來也都是光明磊落的，何況民權又是共同關心的話題，所以林語堂對魯迅「化干戈爲玉帛」，重歸於好了。據有的研究者說，在這段時間裡，林語堂與魯迅的關係增多，往來信件也多起來，魯迅在日記中都有記載。林語堂還客氣地請魯迅爲自己辦得刊物寫稿。魯迅也還眞爲林語堂寫了，但並不是無原則地吹捧林語堂的文學主張及其思想，而是多有批判之意。對《論語》他還不是完全反對，而對《人間世》則是完全不贊同了。如在《「論語一年」》中，魯迅開篇直言：「說是《論語》辦到一年了，語堂先生命令我做文章。這實在好像出了『學而一章』的題目，叫我做一篇白話八股一樣。沒有法，我只好做開去。」「老實說罷，他所提倡的東西，我是常常反對的。先前是對於『費厄潑賴』，現在呢，就是『幽默』。我不愛『幽默』，並且以爲這是只有愛開圓桌會議的國民才鬧得出來的玩意兒。」「這也可見我對於《論語》的悲觀，正非經過過敏。」在這裡，觀點鮮明，毫不隱諱，更不支吾，顯示了魯迅的直率與坦蕩；但另一方面又語含諷刺，表達了他對林語堂的文學觀很是「不以爲然」，在「話語霸權」的筆調中甚至有些「嫌惡」含在其中。在《小品文的危機》裡，魯迅繼續表達了這一思想，不贊同林語堂提倡的「小擺設式」的小品文，認爲它「不過令觀者生一種滑稽之感」，「何況在風沙撲面，狼虎成群的時候，誰還有這許多閒工夫，來賞玩琥珀扇墜，翡翠戒指呢。他們即使要悅目，所要的也是聳立於風沙中的大建築，要堅固而偉大，不必怎麼精；即使要滿意，所要的也是匕首和投槍，要鋒利而切實，用不著什麼雅。」在文末魯迅更加強烈地指出：「生存的小品文，必須是匕首，是投槍，能和讀者一同殺出一條生存的血路的東西；得很自然，它也能給人愉快和休息，然而這並不是『小擺設』，更不是撫慰和麻痹，它給人的愉快和休息是休養，是勞作和戰鬥之前的準備。」有趣的是，林語堂對魯迅這些激烈的批評都在自己主編的刊物上發表出來，從中也足見其胸襟。但發表是發表，在文學觀上，林語堂還是固執己見，繼續做自己的事，有時他還發表自己與魯迅不同的文學觀，提出不僅「玩物不能喪志」，而且還會「養志」，他說：「余嘗謂玩物喪志，係今世僞道學家襲古昔眞道學語。令今人謂游名山，讀古書，寫小品，便是玩物喪志。然德人善登名山，法人好讀古書，英人亦長小品，而三國人之志並未喪，並不勇於私鬥，怯於公憤，如吾同胞。然則國人之志本薄弱可知，喪之不足惜，不喪亦不能爲也。」（《論玩物不能喪志》）看來，魯迅主要是站在文學的社會政治功能上來認識小品文之危害的，自有其合理性，因爲國將不國之時讓大家都去幽默，那顯然是無益的，也是不可能的；而林語堂則是從文學的文學性功能，在倡導其培養人的浩然正氣方面來肯定小品文價值的。小品文的價值在國家安定時自不必說，即使在戰爭中在國家危亡中也自有其意義，因爲人民也需要平正健全的心態，焦慮不安、苦悶等神經變態正是小品文精神所批評的，它們會使危難的國家處境更糟。林語堂還表示過這樣的觀點：何況國家的危亡主要責任在那些官僚們，將它推給文人那本身就是莫名其妙的，這就好像說女人是禍水，林語堂認爲，國家之亡不應由她們負責，而應該由昏君貪官和那些爲昏君吹喇叭的文人負責。這些話雖不無偏激，但也不是沒有道理，它一面指出魯迅等人的局限，一面指出文學獲得獨立品格的重要性。在這樣近於水火不容的文學觀面前，兩人的友情不得不又淡漠下去了。從魯迅日記看來，在一九三四年後二人的交往就少多了，到這一年的八月底以後記載更是越來越少，並很快中止了。

林語堂與魯迅再次疏遠的直接導火索是關於翻譯問題。魯迅是實在看不過林語堂對「幽默」、「閒適」和「性靈」之類的倡導，而向林語堂提出他最好是不要搞這些玩意了。因爲在魯迅看來，這些「玩意兒」實在是沒有意思，與其做這種無聊的事，他建議林語堂還不如去翻譯英國文學作品有益。但林語堂卻回答魯迅說，他現在還不想去做翻譯，等老了以後再來翻譯點西方文學。這一下魯迅又誤解了，他誤以爲林語堂是在諷他，因爲魯迅一直非常重視翻譯工作，並將翻譯看成是爲革命「運輸軍火」，他疑心林語堂說他是老了。魯迅對此大爲惱火，他在一九三四年八月十三日給曹聚仁的信中說：「語堂是我的老朋友，我應以朋友待之。」「這時我才悟到我的意見，在語堂看來是暮氣，但我至今還自信是良言，要他於中國有益，要他在中國存留，並非要他消滅。他能更急進，那當然很好，但我看是決不會的，我決不出難題給別人做，不過另外也無話可說了。」這倒是實話，魯迅確實如兄長對待弟弟一樣不希望林語堂走得太遠，更不希望他「誤入歧途」，做爲一個老朋友將自己的意見毫不隱諱地和盤托給林語堂，其心誠可敬矣。但林語堂的回答卻讓他又誤解了，因爲林語堂自己本無諷刺之意，他只是表達自己的想法，並沒有想那麼多，他說：「現在我說四十譯中文，五十譯英文，這是我工作時期的安排，哪有什麼你老了，只能翻譯的嘲笑意思呢。」（林太乙：《林語堂傳》，中國戲劇出版社一九九四年版，第一〇三頁。）林語堂自己也是一個很有個性的人，他曾這樣說：「我要能做自己的自由和敢做自己的膽量。」（《八十自敘》）他又說：「我素來喜歡順從自己的本能，所謂任意而行，尤喜自行決定什麼是善良，什麼是美，什麼不是，我喜歡自己所發現的好東西，而不願意人家指出來的。」（《無窮的追求》）「我要有好友數人，……他們必須各有其癖好，對事物必須各有其定見。這些人要各有其信念，但也對我的信念同樣尊重。」（《八十自敘・一團矛盾》）從這裡，我們看出林語堂爲什麼並不重視魯迅給他的建議，而堅持己見。有一次，曹聚仁請客，林語堂和魯迅都在座，因爲席間有幾位廣東客在興奮的旁若無人的講廣東話，林語堂於是「幽」了他們「一默」，就插進去用英語跟他們講，結果把那幾個廣東人嚇住了。沒想到魯迅看到林語堂如此，不明眞意，竟然放下筷子，站起來這樣責問林語堂：「你是什麼東西！你想借外國話來壓我們自己的同胞嗎？」結果林語堂大吃一驚，不知說什麼好。沒有與魯迅對抗，只有忍而不發。（參見施建偉《林語堂傳》，北京十月文藝出版社一九九九年版，第三六五～三六六頁。）魯迅還有一事對林語堂頗多誤解，那是「同盟」成員楊杏佛被殺，在兩次追悼入殮會上，第一次林語堂沒有參加，於是魯迅這樣說林語堂：「這種時候就看出人來了，林語堂沒有去。」其實在第二次林語堂參加了，魯迅不知。（參見倪墨炎《爲林語堂辨證一件事》）林語堂的女兒林太乙亦在《林語堂傳》中稱，楊杏佛被殺，他是想去憑吊他的，但因門外一直有人監視，未能成行。等監視人走了林語堂這才趕去。

當魯迅在上海去世時，林語堂正在美國的紐約。聽到這個消息，林語堂驚愕而又感嘆，他於一九三七年一月一日發表了《悼魯迅》一文，其中雖有不贊同魯迅文學觀念和性格脾氣等方面，但對魯迅卻懷著崇敬的心情的，他深情而又富有個性地說：「魯迅與我相得者二次，疏離者二次，其即其離，皆出自然，非吾於魯迅有輊軒於其間也。吾始終敬魯迅。魯迅顧我，我喜其相知，魯迅棄我，我亦無悔。大凡以所見相左相同，而爲離合之跡，絕無私人意氣存焉。」「然吾私心終以長輩事之。」在美國講演中國文學時，林語堂還高度評價魯迅，認爲魯迅的短篇小說在現代中國還是最好的。更值得注意的是，在此文中林語堂還表達了超越他與魯迅關係的闡述，那是對生命易逝，人生短暫的深沉感喟。那就是：「夫人生在世，所為何事？碌碌終日，而一旦瞑目，所可傳者極渺。若投石擊水，皺起一池春水。及其波靜浪過，復平如境，了無痕跡。」如果從此角度來看，在魯迅生前，林語堂與他有些無休止的爭執，那時是如何認眞而起勁，作為自己敬愛的「師長」已死，林語堂似乎若有所悟：隻影孤單一個人遠在異國還在繼續著自己的行旅，而魯迅先生卻到了另一個世界，他們在這人世再也不能相見了。

五、《吾國與吾民》的創造性

賽珍珠的父母是美國在中國的傳教士，她很小就隨父母到中國來，因此，賽珍珠長期生活在中國，她是一個有名的中國通。因為以中國農民為題材寫了長篇小說《大地》，賽珍珠於一九三八年獲諾貝爾文學獎。但是，賽珍珠畢竟是美國人，她很難了解中國文化的精髓。作為了解美國文化心理的她，很想找一位英文很好的中國作家和學者，用優美純正的文筆來寫一本介紹中國文化的書。但這談何容易？！

因為林語堂是中國文壇三十年代的「紅人」，所以，他就慢慢引起了賽珍珠的注意。當賽珍珠知道林語堂英文在當時的中國作家中幾乎無人能比，尤其是看了林語堂才華橫溢的文章，她高興得不能自已。於是，賽珍珠輾轉找到了林語堂。一九三三年一個夜晚，林語堂邀請賽珍珠到家中吃飯，並希望談談各自的想法。

他們的話題首先集中在寫中國題材的外國作家身上。在林語堂看來，這些作家固然取得了很大成績，但普遍存在著對中國文化的某些隔膜，所以林語堂對賽珍珠說，他自己有意寫一本關於中國文化的書。賽珍珠來見林語堂正是此意，所以，她迫不及待地說：那麼你爲什麼不早點寫呢？我相信你肯定能寫好這本書。賽氏還表示：「我盼望已久，希望有個中國人寫一本關於中國的書。」他們兩人還預測這樣的書，將來一定會有市場，會有廣大的讀者群的。至於書的出版事宜，賽珍珠表示她會全力以赴去做，不需要林語堂費心，只要他將書稿拿出來就可以了。這可以說是一次歷史性會面，其意義遠遠大於一般的兩個作家會見，因爲它不僅是中外兩個知名作家建立友情的開始，也是林語堂成爲世界性影響作家的起點，還是中國文化爲更多的外國讀者所熟悉和理解的一個前提。

自一九三四年始，林語堂全力以赴投入《吾國與吾民》的寫作，爲了集中時間和精力，林語堂還來到廬山，因爲這裡風光美好，空氣清新，寧靜自由，又沒有人來打擾。每當夜裡，林語堂準備好第二天寫作的材料和觀點，於是就早早上床入睡了，第二天早晨，一覺醒來，外面鳥語花香，襯托出大自然的環境更加清幽寧靜，而林語堂在床上溫習一下自己要寫的觀點後，就起身開始寫作了。此時間，林語堂如開足馬力的汽車，也如鼓滿風的船帆，他身心輕鬆，精力充沛，思想如泉水般汩汩流出，於是拈筆而書，洋洋灑灑，滿紙煙雲，眞有筆力不逮之感。

林語堂非常讚賞這樣一句話：「能忙人之所閑者，始能閑人之所忙。」因爲林語堂這段時間非常繁忙，常常被刊物搞得叫苦連天，而能有這樣比較完整的時間「閑」下來寫書，其心情之快樂可想而知！林語堂還表示這樣的觀點：「凡是藝術品，都是心手俱閑時慢慢生產出來的。」從中也可看出，《吾國與吾民》這本書寫得是多麼結實和從容。難怪林語堂自信地說：有一部分《吾國與吾民》的寫作在廬山時完成的，自己那時眞像一個皮匠在做皮鞋，是一針一針地扎下去了。

經過不懈努力，林語堂大約用去大半年的時間終於完成了全稿。當林語堂將整整齊齊的書稿送到賽珍珠手上，這位女作家吃驚不少，因爲如此雷厲風行的寫作她是很少看到的，何況這又不是一本小說，而是一本有相當學術性的文化隨筆。更令賽珍珠吃驚的還是讀完整個書稿，她感到這部書是那樣的美妙絕倫，她簡直被這本書陶醉了。在爲《吾國與吾民》出版所做的序言中，賽珍珠這樣寫道：「這本書問世了，正如所有偉大的書籍終會問世一樣，它滿足了以上所有這些要求。它實事求是，不爲眞實而羞愧。它寫得驕傲，寫得幽默，寫得美妙，既嚴肅又歡快，對古今中國都能給予正確的理解和評價。我認爲這是迄今爲止最眞實、最深刻、最完備、最重要的一部關於中國的著作。更值得稱道的是，它由一位中國人寫的，一位現代的中國人，他的根基深深地扎根在過去，他豐碩的果實卻結在今天。」我在此還想爲賽珍珠加上一句：它是由一位中國人用英文寫成的。

這本書於一九三五年九月在美國由雷諾公司出版，比賽珍珠和林語堂想像得還要好，《吾國與吾民》在四個月的時間裡竟然印了第七版，榮登美國暢銷書排行榜第一名。這本書還被美國「每月讀書會」選爲一九三七年十二月的推荐書。林語堂女兒林太乙曾在《林語堂傳》裡說：「被『每月讀書會』選中，有點像中馬票，也有點像中狀元。」當時，這本書出版後，還引起了評論家的廣泛關注，有不少有影響的報紙發表書評介紹此書。比如《紐約時報》發表了克尼迪的文章，稱「讀林先生的書使人得到很大啓發。我非常感激他，因爲他的書使我大開眼界。只有一個中國人才能這樣坦誠、信實而又毫不偏頗地論述他的同胞。」還值得一提的是，《吾國與吾民》還很快被譯成多種文字，成爲許多國家出版界的一件大事。

當然，這本書也遭到一些批評甚至攻擊和污蔑，這主要是發生在中國本土內部。有人認爲林語堂所談毫無新意，只是關於中國文化的一些皮毛而已。林語堂這是用中國文化去賺不懂中國文化的外國人的錢。由於這本書沒有馬上譯成中文，而另有人則將《My Country and

My People》之"My"戲譯爲「賣」，則本書就成了《賣國與賣民》。由此可見，當時有的中國人對林語堂成見之深，看法之偏，由此也顯示出他們的封閉、狹隘和無知。

但是隨著時間流水的洗禮，《吾國與吾民》的眞正價值逐漸被國人所認識，人們普遍感到這是一本好書，因此，本書在中國也一版再版，經久不衰。概括起來說，《吾國與吾民》是林語堂一個了不起的創造，它在許多方面都值得中國作家、學者研究和學習。一是林語堂的立足點和眼界。他反對那些盲目的愛國者，更不贊同那些狹隘的民族主義者，而是認爲自己的國家非常偉大，所以「我並不爲我的國家感到慚愧。我可以把她的麻煩公之於世，因爲我沒有失去希望。」因爲林語堂不是爲了那些所謂的中國「愛國者」寫作的。林語堂還說：「我也不是爲西方的愛國者寫作」，「我只爲具有簡單的庸見的人寫作」，「爲了那些沒有失去自己最高人類價值觀的人」寫作的。（參見郝志東、沈益洪譯林語堂《中國人・自序》）這樣一種立足本國，放眼於世界和人類的情懷，是這本書能夠成功的一個重要原因。

二是中正的心態和見解。在五四新文化運動中，甚至在此時間之後，中國現代文化先驅往往都站在西方文化的觀點，來不遺餘力地批判中國傳統文化。像魯迅、錢玄同等人公開地提出「將中國古書扔到毛廁裡去」的偏激觀點，於是歐化風盛行，人人不敢提中國傳統文化的長處。另一方面，一些國粹派張口閉口就是中國文化如何優秀，西方文化如何是毒蛇猛獸，於是連中國的纏足和娶妾制度也成為國粹了，如辜鴻銘。林語堂在五四時期也受魯迅、錢玄同等人的影響，往往偏激地批判中國傳統文化，但進入三十年代，林語堂的文化觀開始發生了變化，他似乎認識到不能簡單地否定中國傳統文化，而應該「兩腳踏中西文化，一心評宇宙文章」，公正地看待中西方文化問題。這在辦《論語》和《人間世》時已顯示出林語堂的這一傾向，而到《吾國與吾民》時，這一傾向更為明顯。可以說，《吾國與吾民》是林語堂文化觀成熟的標誌。正是基於這樣一種文化觀，所以林語堂才能得出許多新穎獨到的見解。比如，林語堂說：「超脫老猾是中國人聰明才智的結晶，它的最大缺點是與理想主義和行動主義相抗衡。它擊碎了人們任何改革的欲望，它嘲笑人類的一切努力。」林語堂又說：「『保守性』一詞本不該含有貶意，它是一種自豪，建立在對生活感到滿足的基礎之上。」「外國人眼裡所謂中國人的苦難，其中不少無疑出於他們用扭曲了的歐洲標準衡量中國所產生的誤解。」在整個《吾國與吾民》中，隨處可見林語堂的遠見卓識，今天讀來還感到頗受啓發。

林語堂這本書還有一個特點，那就是他創造性地將學術問題通俗化。在一般作者筆下，中國文化精神的表述肯定要講究邏輯推理，要注重學理性，面孔要嚴肅認眞得多，用詞遣句也要相當講究刻板，如果是這樣，不要說失了讀者，就是文章本身也就成了非常乾燥的東西，難有活力、靈性和趣味。林語堂的《吾國與吾民》不是這樣，他是用通俗易懂的文筆，深入淺出的話語來談論和剖析深奧的道理。在這裡，我們看到林語堂調子放得不高，將讀者當朋友，用的是娓語筆調，又見出從容自如。林語堂的語言也非常平實自然，但又不失其優美精緻。尤其是作者對生命的感受力特別強，儘管人與人、人與自然相分隔，有時相當遙遠，但林語堂卻能通過感悟撫摸它的脈動。所以，一面是知識介紹，一面卻是自己對生命的深切感悟與透力。林語堂的文章外表醇甜，而內裡含有悲憫，這也是爲什麼讀者總會有這樣的感受；林語堂的文章韻味十足，讀者讀後往往繞梁三日而揮之不去。在這裡，我可以引郝志東、沈益洪譯林語堂的一段話來說明這一感受：

我喜歡春天，可它過於稚嫩；我喜歡夏天，可它過於驕矜。因而我喜歡秋天，喜歡它金黃的樹葉、圓潤的格調和斑斕的色彩。它帶著感傷，也帶著死亡的預兆。秋天的金碧輝煌所展示的不是春天的單純，也不是夏天的偉力，而是接近高邁之年的老成和良知——明白人生有限因而知足。這種「生也有涯」的感知與精深博大的經驗變幻出多種色彩的調和：綠色代表生命和力量，橘黃代表金玉的內容，紫色代表屈從與死亡。月光鋪灑其上，秋天便浮現出沉思而蒼白的神情：而當夕陽用絢麗的餘暉撫摸她面容的時候，她仍然能夠呈現出爽悅的歡笑。初秋時分，涼風瑟瑟，搖落枝叉間片片顫動著的樹葉，樹葉歡快地舞動著飄向大地。你眞不知道這種落葉的歌吟是欣喜的歡唱還是離別的淚歌，因爲它是新秋精神的歌吟：鎭定、智慧、成熟。這種歌吟用微笑面對感傷的景象，贊許那種亢奮、敏銳而冷靜的神情。

林語堂的《吾國與吾民》爲賽珍珠大賺其錢，這是賽珍珠也沒有想到的。有人說這本書林語堂拿了三萬美元版稅，其實他根本沒得那麼多，可能只有幾千元。這也可能爲林語堂與賽珍珠日後的反目埋下了隱線，這當然是後話了。開始，林語堂不是特別了解美國的版稅情況，當然也不知道他與賽珍珠的經濟收入上的差別。此時的林語堂以感恩的方式敬服賽珍珠，因爲很明顯，如果沒有賽珍珠的知遇之恩，他很有可能難以將想法寫出來，即使寫出來也未必能打進美國，並引起地震樣的轟動。但不管怎麼說，第一次合作，林、賽之間充滿著美好的默契和友情。

由於初試即獲得大的成功，所以到美國用英文寫作更增加了林語堂與賽珍珠的信心。由於當時世界格局和上海社會的複雜性，也由於林語堂倡導的小品文寫作嚴重受阻，更由於林語堂與魯迅關係的進一步惡化，林語堂最後接受了賽珍珠夫妻的盛情邀請，決定舉家遷到美國專門從事寫作。這是林語堂人生選擇的重大變動。

第六章　國外漂泊（上）

決定到美國寫作後，林語堂受到上海、北京許多朋友的熱情歡送，在那段時間裡，林語堂夫妻異常忙碌，他們一面要參加朋友的歡送會，一面還回請朋友們聚談，還要做好出國的各項準備工作。就後一點來說，儘管林語堂沒有打算長久住在國外，但因為到美國寫作，並且偏重向西方介紹中國文化，所以他就不得不將好多書隨身帶著。經過千挑萬選，林語堂後來還是帶了幾十大箱的書籍，僅僅是蘇東坡的參考資料就多達一百多，後來林語堂在美國能夠寫頗受歡迎的《蘇東坡傳》，如果沒有出國時資料的認眞準備，那幾乎是不可想像的。只是林語堂做夢也沒有想到，當一九三六年八月十日他們全家從上海踏上美國「胡佛總統號」客船離開中國時，這一走竟然在國外呆了將近三十年。在這漫長而又短暫的歲月裡，林語堂充分體會了一個遊子的漂泊生活。

一、《生活的藝術》震動世界

經過一個月時間的海上旅行，林語堂一家於九月初平安來到美國。開始，他們先住在賓珍珠在賓州的別墅裡，因爲這裡環境優美、空氣清新、寧靜自然，尤其是瓜果遍地，這給林語堂帶來了少有的快樂。但在鄉下住的時間一長，林語堂逐漸感到有點不適應；對妻子女兒來說，她們吃不慣西餐，而周圍又沒有中國飯館；林語堂自己雖然喜愛吃牛肉，不存在飲食障礙，但因爲離紐約城太遠，娛樂少，信息也很不方便。這樣，林語堂住了一個多月，就決定搬到紐約城裡住。當時他們在中央公園西面租了一幢老式的房子居住。

紐約是人才會聚的地方，尤其在文藝界更是如此。林語堂來到紐約，漸漸爲人們所認識，他的談吐、風度令許多美國人包括一些著名人士刮目相看。如《紐約時報》星期日副刊主筆阿當斯曾這樣介紹林語堂及其演講：他那天身穿長袍，風度翩翩，說起話來一如他的文章一樣，充滿著自由自在和無拘無束的精神。在講演結束時，林語堂說了「有話就講，講完就走」一句話，還不等一些太太女士提問，就揮了揮長袖，飄然而去。試想，在美國人眼裡，這樣一位長袍先生多麼率眞可愛，而又是多麼深奧神秘啊！不僅如此，林語堂還在宴會上認識了許多美國文藝界的名流，如戲劇家奧尼爾，德國小說家和一九二九年諾貝爾文學獎得主托馬斯・曼，現代女舞蹈家鄧肯等。通過交談林語堂也受益非淺。後來，林語堂還專門撰文介紹鄧肯及她那本自傳，並對鄧肯的才華、品性給以很高的評價。

一來到紐約，林語堂要做的第一件大事是《生活的藝術》之醞釀和寫作。因爲《吾國與吾民》一書中《生活的藝術》一章最受美國讀者喜愛，所以賽珍珠夫婦有意讓林語堂單獨寫這樣一本書，全面介紹中國人的生活習性，即如何品茗、聽曲、吟詩、賞畫，如何遊山玩水、閑適隱居，如何講究衣食住行，一句話，如何注重「生活的藝術」，因爲美國人的生活太緊張，太呆板，太枯燥，太沒有情調與品味。林語堂認爲賽珍珠夫婦的看法很有見地，同意全力寫出《生活的藝術》一書。

自一九三七年的三月到五月，林語堂一氣呵成，很快寫出《生活的藝術》一書的初稿，約有二百六十多頁。但有一天晚上，林語堂爲本書做序時，突然覺得書寫得並不令人滿意，主要是因爲他對自己這本書的立足點產生了疑問。原來，林語堂寫書時立足於對西方文化的批評，並且越講越深，又多有辯論，以至於使手稿的調子不對了。他認爲中西文化都是世界文化中不可或缺的一個組成部分，西方文化有其優長，中國文化也自有其價值，反之亦然。站在這一基點，林語堂覺得不能用中國文化來否定西方文化，就好像不能用西方文化來代替中國文化是一樣的。世界文化應該是多元互補的，應該相互取長補短。對西方文化來說，由於物質文明的高度發達，自由民主意識的相對加強，所以它充滿了舒適與個性的發展，但它存在的最大問題是，人生和人的心靈的異化狀態。而這又正是中國文化所富有的。中國人尤其是中國文人對生活和人生的關注與熱愛，對生命本身的細細品味，對生活之藝術的津津樂道，這非常有助於克服美國等西方人存在的精神危機和價值失落。

因為確立了文化選擇的支點，所以林語堂更加感到第一稿不是自己最為滿意的表達，決定毀掉全部稿子，重新寫作。從五月三日起到七月底，林語堂用了近三個月的時間，將《生活的藝術》完成了，全書共有七百頁。林語堂曾這樣表達自己在這一段時間裡寫作的狀態：如文王被囚禁一般，一步也不能走開。但他並不感到辛苦，而是在紀律化的寫作中，心情舒暢，精神煥發，看著自己每天寫出一大疊書稿，眞有一種說不出來的快樂。林語堂這次也是用英文寫作，但與《吾國與吾民》的寫作不同，這本書是作者從口中一句一句和一段一段念出，而由打字書記用打字機打出來的，所以其速度相當快捷，此時文思泉湧，筆力不逮，其快樂也是無法描述的。

《生活的藝術》出版後影響比《吾國與吾民》更大，這也是林語堂始料不及的。它連續一年多高居美國暢銷書排行榜的榜首，成為一九三八年美國的最為暢銷書。美國書評家彼特在《紐約時報》上撰文稱：「讀完這本書之後，令我想跑到唐人街，遇見一個中國人便向他深深鞠躬。」更有意思的是，有一位叫西登·皮特的戰俘，他在一九四二年被日軍俘虜後行裝裡總是帶著一本林語堂的《生活的藝術》。更有趣的是皮特的讀書法：他不急於一氣呵成、囫圇吞棗似地讀完全書，而是像小孩子吃糖和吃點心似的慢慢欣賞、玩味和咀嚼它。皮特常常拿出這本書來有滋有味地欣賞它的封面、目錄和插圖，實在不過癮，他就一字一句地讀，彷彿是一個雕刻家面對他的藝術品。當陽光如夢地從天空照射下來，皮特一個人靜靜地沉醉在書裡，聽作者林語堂細語呢喃，講敘著中國人生活的藝術。有時，皮特深受感染，內心漾起對美好自由和藝術生活的強烈嚮往。可以說，與一般人苦難的監獄生活不同，皮特是伴著林語堂這本書幸福地渡過的。

《生活的藝術》何以如此感人，何以能讓外國讀者如痴如醉？這可能主要還是因爲這本書有著獨特的選材、觀念、筆調和語言。在一般人看來，競爭、戰鬥、國家大事及奇聞逸事等是最重要的，於是作家和讀者都不約而同地集中在這些題目之上，而相反，對生活細節、鳥獸蟲魚等，人們卻往往都忽略了，甚至知之甚少。另外，哲學的思辯，形而上的反思常常成爲人們的關注點，而生活和人生卻自覺不自覺地被排擠到人們的視線之外。正是從這一點上林語堂在開始辦《論語》、《人間世》時，就倡導作家既要重視「天地之大」，又要關注「蒼蠅之微」的小品文寫作。到《生活的藝術》時這一點更爲明顯和系統化了。對常人來說不以爲然的人生和生活，以及其中的細枝末節，卻成爲林語堂津津樂道的內容，尤其是中國人對待生活的「藝術」情調更爲林語堂所喜愛。比如中國人的琴棋書畫、品茗觀花、遊山玩水、吟詩弄月、讀書聽曲、隱居閑談等被林語堂進行了細致迷人的描繪，於是讓人們尤其是讓生活高度緊張的美國人驚奇不已，大飽了眼福，他們通過林語堂的《生活的藝術》知道了在這個世界上還有這樣一種從容自信、快快樂樂的生活！

林語堂在這本書的自序中表述說：「本書是一種私人的供狀，供認我自己的思想和生活所得的經驗。我不想發表客觀意見，也不想創立不朽的眞理。我實在瞧不起自許的客觀哲學；我只想表現我個人的觀點。」確實是如此，《生活的藝術》沒有什麼高深難解的理論，也沒有什麼生搬硬套的哲學概念，完全是由林語堂內心生發出來的體驗與激情，那是一種活生生的生命力量。它緊緊地抓住了人的本根性，把住了人類生活和生命的脈搏。比如談到「幽默」，林語堂認爲我們往往少看了它的價値與意義，它不僅僅是物質的，更是化學的，它在政治、學術和生活等方面，即在我們整個的文化上具有重大的作用。在談到「簡樸」，林語堂說：「簡樸也就是思想深刻的標誌和象徵。在我看來，在硏究學問和寫作上，簡樸是最難實現的東西。欲求思想明澈已經是一樁困難的事情，然而簡樸更須從明澈中產生出來。」至於「談話」，林語堂說：「只有在有閑的社會中，談話藝術方能產生，這是很顯明的。也只有從談話藝術中，俊美通俗的文章方能產生。」在關於「讀書的藝術」中，林語堂表達說：「我以爲一個人能發現他所愛好的作家，實在是他的智力進展裡邊一件最重要的事情。世上原有所謂性情相近這件事，所以一個人必須從古今中外的作家去找尋和自已的性情相近的人。一個人惟有藉著這個方法才能從讀書中得益處。」「在中國語文中，我們稱這種精神的融洽爲『靈魂的轉世』。」還有「睡眠」，林語堂提出：「安睡眠床藝術的重要性，能感覺的人至今甚少。這是很令人驚異的。我的意見以爲：世上所有的重要發明，不論科學的或哲學的，其中十有九椿都是科學家或哲學家，在清晨一點到五點之間，蜷臥於床上時所忽然得到的。」另外，林語堂還談到「半半哲學」的價値與意義。總之，因爲立足於人生本身，立足於人的身心健全和發展，立足於己身和己心的獨特生命體驗，所以，林語堂所談往往貼近現實，新見疊出，不落前人窠臼，給人以耳目一新的藝術感覺。尤其對於生活在高度緊張的競爭社會中的美國人來說，這種從容自得、享受人生的生活態度很令他們神往。在他們看來，林語堂所談的中國人的生活的藝術，不只是可以療治他們難以解決的社會和精神問題病症，還是一種理想，一種神仙人生景觀，它將會給他們帶來無限的希望之光。

《生活的藝術》在筆調上比《吾國與吾民》更爲從容不迫，更爲雍容大度，也更爲老練成熟，更爲精緻有趣。這可能與作者的切身感受有關，與作者的審美觀念直接相連，也與作者寫作時的自由處境不可分割。對後者來說，林語堂畢竟還是在談論中國「國」與「民」的事情，所以他要進入一種更具歷史性和文化性的寫作之中，也不能回避中國當時的政治、經濟、思想和文化問題，更不能不考慮中國與西方文化的複雜 關係；而對前者來說，林語堂可以更爲超脫，更爲自由，更爲個人化，他可以不考慮許多「禁忌」，而一任自己的才情、觀念和審美的表達。於是，在《生活的藝術》裡，我們已經看不到在這之前林語堂在國內時的心態，他曾寫過《論玩物不能喪志》，也說過他不敢再遊杭州。因爲面對美國人，林語堂可以大膽而自由地談論「幽默」、「性靈」和「閑適」這些具有人生本質內容的概念及其經驗。也正因爲這樣，林語堂的筆調才能不急不躁、風流蘊籍，一派天然本色。與此相關的是醇熟的語言，這是一種瓜熟蒂落的語言，它富有靈性，充滿特性，精緻而委婉，是林語堂自己倡導的健、達、雅語言風格的集中體現。

我們可以將林語堂的《吾國與吾民》同《生活的藝術》進行比較研究，這兩本書既具有時間與文化的一脈相承性，又具有時間、空間、心理和文化的某些重大差異，從中也可看出林語堂的某些變化的新質素。

二、長篇小說《京華煙雲》

雖然《生活的藝術》爲林語堂帶來了不少經濟收入，但爲了節約開支，一九三八年初林語堂帶領全家離開美國到歐洲居住。在這期間，林語堂最大的收穫是創作了反映中國抗日戰爭的長篇小說《京華煙雲》。正是這部作品成爲林語堂一生創作的重大收穫，並得到了日後獲得諾貝爾文學獎提名的殊榮。

本來，林語堂想英譯曹雪芹的長篇小說《紅樓夢》，但考慮這部作品雖然妙不可言，但總是離現在的生活較遠，難以表達自己對現實的關注，也難以與讀者產生共鳴。於是，林語堂改變了思路，參照《紅樓夢》，自己要創作出一部長篇小說。

創作小說，這在林語堂的創作經歷中還是第一次，由此可知它意味著什麼。何況平時的林語堂較少閱讀小說，對古今中外的小說不能說瞭如指掌。但林語堂一向自信，而且從來不懼怕困難，再加上他的聰明過人，生活經歷和文化功力的豐富和深厚，於是一項偉大的工程立即開始了。從一九三八年三月開始，林語堂進入了《京華煙雲》的構思階段，經過近半年的充分準備，作品的結構、情節、人物和基調都得以確立，到八月八日開始動筆，進入了寫作階段。

我認爲，寫作長篇小說，這對林語堂來說是一次靈魂的冒險，也標誌著林語堂從文化批評向小說創作的眞正轉換。有趣的是，對林語堂這樣一位對生活和人生都充滿無限熱愛的人來說，新的開始就意味著新的探索和新的魅力。在撰寫《京華煙雲》的時光裡，林語堂充分調動起自己的全部生活和感情，他常常將自己關在房間裡，與作品中的人物一起喜、怒、哀、樂，心靈常常受到巨大的震動。有時，寫到激動時，林語堂實在忍不住自己的感動，那就讓淚水從臉上滂沱而下，一任它沖洗自己的心情和靈魂。有一次林語堂的女兒林太乙放學回來，連大衣都來不及脫就跑到父親的書房，著急地看這一天父親寫的小說，因爲自從父親開始寫作以來，林太乙一直跟在父親的創作後面，爲父親小說動人的情節所打動。令女兒吃驚的是，父親哭得那樣傷心，幾乎不能自已。當林太乙大惑不解地問父親時，林語堂告訴女兒說：他在寫一段非常傷心的故事。由此，我們就能夠理解：在《京華煙雲》裡揉進了林語堂自己多少激動與傷情。在母與子、父與女、夫與妻、姐與弟，還有在爲國捐軀，逃難流離中，不知林語堂流下了多少熱淚。

經過整整一年的時間，一九三九年八月八日林語堂寫完了《京華煙雲》這部七十萬言巨著的最後一個字，當他向全家人宣告這一勝利的消息時，全家人爲之歡聲雷動，紛紛向林語堂表示祝賀。有意思的是，在寫作中，林語堂的頭髮長了，妻子讓他去理髮，而林語堂卻下定決心：不寫完小說他決不理髮。此時作品峻工了，林語堂先帶領全家去中國飯館吃了龍蝦飯，第二天又到理髮店理了頭髮。

因爲女兒們是林語堂的最早讀者，所以女兒們深爲父親而自豪，也樹立起這樣的信念：在所有的職業中，沒有哪一個比文學創作更偉大了。同年底，此書由美國紐約的約翰・黛公司出版，並被「每月讀書會」選中，成爲十二月的特別推荐書。林語堂自己稱：「我寫過幾本好書，尤其以寫《京華煙雲》自豪。」賽珍珠夫妻對林語堂說：「你沒有意識到你的創作是多麼偉大。」林語堂的大女兒如斯稱：《京華煙雲》是一部偉大的小說。林語堂的二女兒林太乙也說：在現代中國小說中《京華煙雲》是首屈一指的傑作。

《京華煙雲》以姚、曾、牛三家爲中心，寫出了自庚子時義和團到抗戰爆發這四十多年的人事滄桑。作品主要塑造了姚思安、姚木蘭、姚莫愁、孔立夫和孫蔓娘等人物。其中最豐滿成功的人物是姚木蘭，最感動人心的是孫蔓娘。木蘭是集林語堂女性理想的一個人物，她美麗而有風韻，用作者自己的話說就是：若爲女兒身，必做木蘭也。林語堂這樣寫木蘭的美貌：「木蘭的婚禮莊嚴而肅穆，新娘，爲萬衆注目的中心，美如滿月，以前沒見過她的男男女女，見其美貌，都爲之咋舌。除去她眼睛的迷人及低沉的音樂美，她的身段兒窈窕，令人目迷心蕩。一如我們常形容美女說：『增一分則太長，減一分則太短；增一分則太肥，減一分則太瘦。』喜身材高一點兒的，覺得她高；喜愛身材矮一點兒的，覺得她夠矮；喜愛體態豐滿的，覺得她夠豐滿；喜愛消瘦一點兒的，覺得她夠苗條。身體各部分配合比例的均勻完美，竟至於此極。」不僅如此，木蘭還有著美好的性情和高尚的境界。她舉止文雅、樂天知命、心定如山、堅強執著、儉樸樂觀、溫柔細膩，是天地育成的精華。姚木蘭還是一個境界高尚者，爲了支持抗戰，她送兒上戰場殺敵，還收養了一些孤兒。可以說，林語堂是將《紅樓夢》中薛寶釵和林黛玉等衆女子的美好集於木蘭一身。從中國現代文學史上來看，女性形象大多是身心沉重者，她們是受苦受難和深受異化者，而姚木蘭卻是一個身心輕鬆，能夠保持女性身心美，自由快樂的健全者。這是林語堂爲中國現代新文學做出的重大貢獻。

三、剖白日本人

林語堂離開祖國到美國寫作，不久日本對中國發動了全面的內戰。身在國外的林語堂一直心繫戰火中的中國，並在這段時間裡先後寫了一系列文章剖析日本。早在《生活的藝術》中，林語堂曾用「一個准科學公式」對各國人進行分析，他使用的幾個標準是：現實、夢想、幽默和敏感。於是，在林語堂筆下的中國人是現實四、夢想一、幽默三和敏感四；日本人則是現實二、夢想三、幽默一和敏感一。很顯然，在林語堂看來，中國是一個重現實，極富幽默感和敏感但缺乏夢想的民族，而日本則是一個缺乏現實感、幽默感和敏感，但充滿夢想的民族。這樣，日本人的許多行爲方式有了較合理的解釋。如僅有彈丸之地和身爲蕞爾小國，日本人竟能產生這樣荒唐可笑的神奇妙想：發動對華及對東南亞各國的全面侵略和占領。還是在一九三八年，林語堂就寫下了《日本必敗論》，文中雖以軍事、政治、經濟、外交和心理等方面的大量事實爲依據，但其基本立足點仍然是日本人「非現實的夢想性格」之缺陷。因爲很明顯，要讓一隻青蛙吞下一個大象那是不可能的。

但林語堂不是情緒化地一概否定日本，在他看來，日本人畢竟有他了不起的地方，他的雄心壯志、他的嚴密紀律、他的集體合作精神、他的組織才能、他的狂熱工作態度、他的模仿能力以及他的勇敢精神，都是林語堂所佩服的。也正是有了這些優秀品質才使得日本能夠成爲世界一流的經濟強國，爲世界各國不可小視。在這些方面，中國人相形見絀，不可同日而語。換句話說，對比日本人的這些美德，中國人往往表現出相反的特點，這是人所共知的事實，也是偌大一個中國爲什麼能夠成爲小小日本的刀下之肉。林語堂又認爲，日本人的特長還表現在文學藝術上。有趣的是，日本人雖然行爲嚴肅得像個軍人，非常缺乏幽默感，也很不可愛，但在文學藝術上卻表現出幽默的情調，細膩的感情和簡樸的意蘊。如卡通、隨筆、書法、繪畫、蒔花、木刻以及建築都獲得了中國人那種幽默感和細膩精美的情思。只是一個房間布置，就極得樸素雅致之意，這對於中國人的「窗明几淨」之理想，而那不加油漆的木器被主人揩拭得乾乾淨淨、一塵不染，即是最好的說明。對此，林語堂給以高度的贊賞，也表達了自己的傾慕之情，他說：「當日本人能夠這樣優美地了解，感覺，以及表現出我們心中的情感時，我怎能夠不對日本人的藝術意識和詩意感到欽佩呢？」（《中國人和日本人》）

林語堂還進一步指出，日本藝術上的最突出特點是過於「小」和「輕」：「他們也許要比任何的國家更爲了解小型的，細小的，輕的，極小的東西的美點，可是我仍舊要在他們的藝術裡找尋一種對神秘的深邃和偉大的感想。」當然，日本人對精巧之愛也是一種偏狹，這就是爲什麼林語堂說：「許多日本人的東西是可愛的，而很少是美麗的。」這也是爲什麼林語堂說：日本「據我的一般印象看來，一切都是像他們的木屋那樣輕浮而不穩固。」（《中國人和日本人》）

林語堂認爲日本人最大的缺點是不明理，也沒有思想，在這一點上他遠遠 不能與中國人相比。在綿延的歷史上，中國人出現了那麼多思想家，而日本卻少得可憐，或者說就沒有出現過，這是很值得悲惜的。中國人明理知情，到了兩人打架時，經常說的一句話不是別的，而是問你「講理不講理」，讓人評說是非也是看雙方「講理不講理」。日本人則不然，他沒有理可講，完全是一種傲然的自滿主義者。在日本人看來，別的國家和人民都是愚者、弱者和劣等，而只有所謂的「大日本」是最優良的。日本的好戰、堅決和狂熱都是不明理的，明理的人不會這樣做。只要看看日本在外交在對中國和亞洲人民的「傲然」態度，就可以理解這一點。日本人對俄國、對英國、對美國在外交上一向都是採取一種傲慢的態度，那是一種「日本高於一切」的挑戰式的外交方式。對各國人民也是這樣，魯迅和郁達夫等人也以痛恨的心情批判日本人無知式的驕傲，尤其批判有些日本人對中國人難以形容的輕蔑。如果一個國家民族對其他國家民族不能保有平等敬重的精神，而是自以為是，妄自尊大，那不僅是不明理的，是無知的，也是很危險的。比如日本帝國主者對中國人的反日情緒採取怎樣的態度呢？不是和平與善意，而是搶劫、姦污和屠殺，將嬰兒用刀尖挑死，將婦女強姦，將俘虜澆上汽油燒死，因為他們認為這樣做就可以將中國人嚇怕，停止抵抗。其實，林語堂說這是不明理的表現，是不懂天地之道，是相當無知的思想行為。他說：「他們沒有明白，有些東西即使用轟炸機也不能消滅的，他們跟反日情緒鬥爭時，不啻跟自然的動力和反動力鬥爭，跟自然鬥爭是愚蠢的，甚至大炮也不能跟自然鬥爭。」「結果是日本在中國所成就的正跟她所要的相反。」「日本的進步主義分子當然看到這種『跨在虎背』，趾高氣揚，向著毀滅前進的愚蠢。」（《中國人與日本人》）由於缺乏明理的精神，所以日本人也就不會思想，亦必然缺乏圓熟、機智和自我批判的精神，這也是為什麼日本適合於變成一個好戰的法西斯民族國家，於是，現代以來的日本儘管經濟發展了，但難以擺脫其思想文化危機的命運。林語堂還形象地稱日本為踏著「鵝步」的國家，雖然現在她走在世界的前列，但那樣太累了，而且如果只用這種步伐而不用思想那也是非常危險的。試想，當把現代的、工業的、科學的和軍事的利器，放在那些短小的富有團結精神，崇尚勇武和忠誠，卻沒有思想而是走著「鵝步」

的島國人手裡，那結果是可想而知的。

島國文化有其不可否認的優點，如憂患意識、集體主義精神和勇敢品格，但也有明顯的弱點，其中最爲突出的就是狹隘的眼光和利己主義。在林語堂看來，日本人就是這樣，他沒有中國人的廣大眼光，也沒有中國人的和平主義。因爲廣大的眼光是能夠看到別人優點的，而不是只看到自己的優勢；因爲廣大與和平主義不是好鬥和好戰的，而是以和諧爲追求的理想。林語堂曾寫過《廣田和孩子》一文，通過父子對話非常形象生動地說明了日本人的狹隘、狡猾、自私和虛僞，也反映了島國人那種強烈的利己主義思想，還體現了日本人的教育觀。

林語堂對日本人的剖析是全面的、尖銳的和深入的，其批判的鋒芒也遠遠勝於贊美的聲音，尤其是對日本人「鵝步」和「短小」的形象概括中有著某些嘲弄的意味，也可以這樣說，在林語堂心目中可能不喜歡的就是日本人。相反，對中國人林語堂卻飽醮著熱愛和深情，描繪著他們的美德：廣大、明理、幽默、自由、和平、民主、智慧和可愛，並將這些不遺餘力地介紹世界。但有趣的是，林語堂研究在中國長期以來不受重視，對他的評價也不高，反而誤解、批評、甚至污罵不絕如縷；相反，日本卻給林語堂以較高的評價。一個最耐人尋味的事實是，日本很早就有林語堂全集出版，而在中國，林語堂的作品長期以來不受重視，只有極少的一部分爲人所知，直至今日，也只出版了林語堂名著全集，林語堂全集還不知什麼時間能與讀者面世呢！

四、與郭沫若筆戰

通常我們都認爲，一九三六年林語堂去國赴美，寫作是其最主要的目的，因爲經與賽珍珠合作，《吾國與吾民》在美國大受歡迎，林語堂自信在美國他完全可以有更大的發展。但也不得不承認，當時國內對他的批評，尤其是魯迅等人對他的指斥使林語堂在國內感到比較難受，他似乎也認識到在國內繼續倡導「性靈」和「閒適」的小品文不是長久之計，也不會再有多大希望。還有，林語堂感到戰爭全面爆發的可能迫在眉睫，如果戰爭全面爆發，在國內不僅沒有安全感，就是文學創作也無從談起，對一個作家來說，一旦沒有成功的作品，那他的價值和意義就大打了折扣。更何況，到美國也不一定就不能發揮一個作家的長處，爲宣傳抗戰盡職盡責。

事實上，林語堂在美國確實是一邊寫作，一邊堅持爲抗戰出力。除了爲抗戰捐款捐物，出錢支助六個中國孤兒外，他還直接寫宣傳抗戰的文學作品和政論文章。如長篇小說《京華煙雲》和不少政論文章都直接爲國內抗戰服務。在抗戰爆發不久的一九三七年八月二十九日，林語堂就在紐約的《時代周刊》發表了《日本征服不了中國》一文，其中觀點甚爲明確，即日本是不可能征服中國的，最後的勝利一定屬於中國。在當時中日政治、軍事等力量相差懸殊的情況下，林語堂能夠堅信中國必勝論的立場，那是非常鼓舞人心的。《吾國與吾民》一書第十三次重版，林語堂補寫了新的一章《中日戰爭之我見》。在這一章裡，林語堂一改過去偏激的政治觀，一面贊揚張學良逼迫蔣介石停止剿匪反共，而與共產黨聯合抗日的偉大功績，同時又大力贊揚毛澤東、朱德心胸廣大，以民族利益爲重的堅決抗戰姿態。林語堂是這樣寫的：「順便說一下，江西的共產黨早已向日本宣戰了，並且從一九三二年以來就在實際上與日軍作戰。」「朱和毛在西安掌握了一個與之打了八年仗並懸巨賞捉拿他們的人的性命，而他們還是寬宏大量，不記前嫌地將他釋放，因爲他們相信，中國需要這個人來參加全民抗戰。」後來，林語堂還寫過《日本必敗論》等文章，從軍事、經濟、政治、外交和心理等各個方面分析爲什麼日本必敗，中國必勝？在有理有據和令人信服的長篇大論中，表達了林語堂清醒的政治意識和遠見卓識。還應該提到的是林語堂寫的《啼笑皆非》，這是對美國和英國等西方國家的嚴厲批評，批評他們對中國抗戰的忽視與無助，批評他們的無知和傲慢，從而希望世界各國對中國抗戰採取關心、支持，而不是相反的態度。所以，從此意義上講，林語堂並不是只在美國寫一些無關抗戰的賺錢式的作品而是一直以一顆熱血之心關注並支持著中國人民的抗戰，換句話說，林語堂在美國爲抗戰所做的努力和貢獻是不可磨滅的，即使與在國內的一些現代作家相比，也毫不遜色。也可以這樣說，林語堂利用他的優勢，在國際政治文化的大台上爲中國的抗戰出力。然而，由於政治局勢的緊張，也由於地理、語言和傳播的阻礙，林語堂在國外爲抗戰所做的工作，國內的了解恐怕是不多的，尤其是那些一向反對林語堂，看不起林語堂的作家更是對他誤解頗多，也頗深的。加之林語堂後來在政治上表現的「親蔣」立場，使得他更成爲許多人批判的衆矢之「的」。

一九四〇年林語堂一家曾回到祖國，並在重慶買了房子，但文學界有不少人對他表示冷淡，很快地林語堂感到無趣就不得不又去了美國。一九四三年林語堂隨宋子文搭飛機回國，並在國內各城市進行講演。在這一年的十月二十四日，林語堂應重慶中央大學邀請，做了《論東西文化與心理建設》的演講。其中心內容主要是希望國人能對中國和西方文化有比較正確的認識，從而確立民族的自信心和自豪感，以便能夠有健康的外交和在世界各民族間立足之可能。演講中著重指出，中國民族還存在不自信、思想紊亂和對外國不正確的態度。比如，對外國人妄自尊大和妄自菲薄都不是大國風度，都被人瞧不起。另外，林語堂還提到魯迅和「左派」作家的錯誤，他說：「以前魯迅說中國書看得叫人昏睡，外國書看了就抖擻精神。他說外國雖有頹唐派，但是有生命的頹唐派，中國雖有積極入世的士大夫，但只是沒有生命的入世士大夫。這種憤激的話，不能叫做認識。……至於左派前輩作家，自己躲在床上偷看古書，似乎十分歉意，也必造出許多的理由，或者說我是整理古書，不是讀，或謂我明知是毒藥，但是我是醫生，有經驗，還無妨看看，至於你們後進青年後生小子，是萬萬吃不得毒藥的。」林語堂還談到，他自己中西方文化都注意，年近五十才稍稍窺見一個眉目，而對《周易》則還是未窺其涯略。整體來說，這是一篇比較學理化的文章，雖對魯迅等人的批評屬於一己之見，但作爲一孔之言未嘗不可以這樣說，而且從學理上看，林語堂也確實指出了魯迅等人過於偏激的思維方法。今天，人們再也不會簡單地相信，當年錢玄同說的要將中國古書扔進茅廁裡去的正確性。二十世紀中國文化和文學的失誤之一可能就在於「觀念」式地過於忽視中國傳統文化精神了。事實上，從許多聽衆的反響來看，林語堂的演講還是頗受歡迎和好評的，認爲它切中了時弊，對中國文化建設無疑是有益的。

但還有一派意見對林語堂的演講進行堅決的批判，其首當其沖者是郭沫若。他針對林語堂曾寫過的《啼笑皆非》，機智而幽默地寫了一篇《啼笑皆是》的文章揶揄林語堂。文章對林語堂的一些觀點提出質疑，比如對林語堂關於「因果律」已經失效的看法表示不同意見，認爲即使「因果律」也不是那麼簡單，因爲它應該有三種：因大於果、果大於因和因果相等。但郭沫若文章與林語堂的一個不同點是，主要不是學理性的，而是具有諷刺挖苦式的。比如他戲稱林語堂爲「大師」，一方面對林語堂的學問水平進行否定和挖苦，另一方面對林語堂的人格施行批評和諷刺。如郭沫若這樣說：「但是最幽默的是大師要青年讀《易經》。……你既『未窺其涯略』，何以曉得它的『哲理』『精深』？」「有『自信心』固然是必要的，但首先要弄清楚你自己，你連自知之明都沒有，你到底『信』什麼？中國人有的確是把『自信心』失掉了！因爲他既無自知之明，又無知人之雅，東方既未通西方也不懂，只靠懂得一點洋涇濱的外國文，掇拾一些皮毛來，在那裡東騙騙西騙騙。」「我們彷彿又看見了一位穿西裝，吃大菜，在中國用英文演講的辜鴻銘而已！」郭沫若還說：「罵死人，罵『左派』，最好是請先養成自己的『自信心』來。不然的話，大師！那是只好弄得我們啼笑皆是的。」這不是講理的文章，而是含有憤恨甚至厭惡心情的痛罵，足見當時郭沫若的心情和對林語堂的反感。如果從郭沫若角度來看，他在不了解林語堂國外的熾熱愛國之言行時，寫出此種文章亦是可以理解的，因爲郭沫若抗戰心熱，別家離子回到祖國，積極投身於人民抗戰的水深火熱當中，從中顯示出他比林語堂更加強烈的國家民族意識，也顯示了較強的功利性文學觀。而林語堂卻遠離中國抗戰的戰場，沒有生命之憂，在郭沫若看來，他還有「臉面」回來大談特談什麼「自信心」，更不要說批評死去的魯迅，以及所謂的「左派」了！也是在這個意義上，郭沫若等人是將林語堂看成一個「逃兵」，此時又回國來宣講「勇敢」的，這豈不讓他們有些惱火和氣得咬牙切齒？與此同時，田漢、曹聚仁和秦牧等也分別發表文章批判林語堂，其鋒芒都是相當尖銳的，也帶有郭沫若文章的「不講理」和不屑一顧之風。

對於郭沫若等人的批評，林語堂保持冷靜和克制的態度，沒有立即寫文章進行反駁，他認為在此國家多事之秋，進行那些無謂的意氣之爭甚至痛罵是無益的。但在答記者問中，林語堂說過這樣的話：「郭沫若的文章，根本是歪曲的，謾罵的。他們那般人，天天勸青年不要讀古書，說古書有毒，《三國》、《水滸》裡忠孝節義的話有毒，其實他們還不是天天看線裝書麼！我說要讀古書，就是希望我們知道自己固有的文化。我的英語好不好，只有讓英國人、美國人，總之是懂得英語的人去批評，郭沫若是沒有資格批評我的英語的。至於讀《易經》，郭沫若也是讀的，我林語堂也是讀的。我林語堂讀了不敢說懂，郭沫若讀了卻偏說懂，我與他的分別是這一點。」「又有人說我罵魯迅是罵死人，其實在他生前我也是罵的，我和魯迅總可以說夠得上朋友，可是我和他的主張不同，比方論翻譯，他主張直譯歐化，我卻不主張。」後來，林語堂對馬星野說過：人要講氣節，士可殺不可辱，儒家治己甚嚴，文人失節，被看成同寡婦失節一樣嚴重的。林語堂說，郭沫若是「集古今肉麻之大成」。（林太乙：《林語堂傳》）這裡，也表明了林語堂的義憤和偏激！

林語堂再去美國，寫了《贈別左派仁兄》詩以作答，其中主要表達自己對郭沫若等人之不滿，作者將他與郭沫若等人的分歧只看著是見解不同，卻忽略了長時間的隔膜、文學觀、愛國觀和性情脾氣的不同。但從這幾首詩中，林語堂的愛國精神和寬容也還是有所表現的，現復錄如下，從中可見當時林語堂的思路和心情：

其一

關山故國動離愁，達巷黨人我心憂。
讀易原難聞吠犬，彈琴何必對犁牛。
落花無意顧憐盼，流水有情空綢繆。
蓮社高賢酬應劇，我今去也攢眉頭。

其二

故國河山尚未還，無暇清理舊新冤。
罵街何補國家事，飲醋合該肚皮酸。
胸有成筆總宜讓，手無寸鐵可放寬。
且看來日平寇後，何人出賣舊家園。

其三

文人自古好相輕，井蛙蝌蚪互品評。
斷檻缺秋稱割據，跳梁沒水譽奇能。

規規若失語東海，適適然驚聞北溟。
有識悠然付一笑，蚊雷終究是蟲聲。

五、領養「養女」

林語堂曾經說過，他從來沒有想到要兒子，而是特別喜歡女兒，這顯然與他的女性崇拜思想直接相關。有趣的是，林語堂的妻子眞的沒有給他生下兒子，卻給他生了三個女兒。更有意思的是，三個女兒個個優秀而可愛，林語堂不僅爲父，而且常常像個孩子似的與女兒們一起玩各種各樣的兒童遊戲，其快樂眞是難以言喻。然而，隨著時光的流逝，女兒漸漸都長大成人，各自去做自己的事業了，於是一種失了童貞的孤獨在林語堂心裡漸漸生發出來，因爲對林語堂這樣一個偏愛「赤子之心」的作家來說，童稚天眞的女兒對他的意義是無與倫比的。

一九四三年林語堂隨訪美的宋子文搭飛機一起回國，他們路經開羅、加爾各答和昆明到達重慶。隨後，林語堂又在國內許多城市發表演說，宣傳抗戰。當到達西安後，林語堂等人到孤兒院看望孤兒，而孤兒院的孩子們爲林語堂等人表演歌舞。當看到台子上一個小姑娘在跳舞時，林語堂眼睛一亮，因爲那小姑娘非常清純可愛，舞姿優美明麗，給人以精神上的陶治作用。第二天，這個小姑娘又上台表演鋼琴，這一下子更把林語堂鎮住了，這不僅因爲她指法純熟，音樂清越，姿態優美，而且還因爲音樂中流動而出的天眞無邪、潔手靈心，只憑舞蹈和彈琴，林語堂就斷定這是一個頗有慧心、純潔無比的女孩子，於是一股喜愛、可憐、可惜之情油然而生。此時的林語堂心裡或許這樣想：如果身邊能有這麼一個女兒相伴，那該多好！更何況，如果能夠給她提供更好的條件，這個女孩子將來的前途是不可限量的。很快的，富有奇思妙想和天眞爛漫的林語堂，在沒有徵得妻子等人意見的情況下，就橫下一條心，收養這個女孩子爲乾女兒。

據了解，林語堂知道了這個小姑娘叫金玉華，十二歲，不是眞正的孤兒，她有母親和哥哥。但他收養她的決心已定，於是自己直接到金家與她的母親以及玉華本人商量，最後徵得她們的同意。林語堂還將帶玉華出國的想法說了，母親和玉華都很高興，認爲能夠認林語堂這樣一個了不起的大人物爲義父，又能有機會得到發展，這眞是上天有眼，天賜良機！遺憾的是，孤兒院有規定，認孤兒們爲義子義女是可以的，提供教育費用更是受到歡迎的，但不能將孩子帶出孤兒院。無奈，林語堂只能認下玉華爲義女，並提供給她教育經費，但不能帶走她。這一次，林語堂既有所得也有所失：得的是認了一個可愛有才氣的乾女兒；失的是不能讓她伴在身邊，更不能使她接受更好的教育。可喜的是，抗戰勝利後，林語堂費了九牛二虎之力幾經周折，將金玉華接到美國。此時的小玉華比兩年前更有不同，她已經十四歲了，長得眉清目秀，亭亭玉立，鋼琴彈得也更加清妙透徹，有如玉樹臨風，亦似珠玉落盤，還像露水凝乾荷葉之上。林語堂的身心爲之一爽，心想不知自己何以修得如此福份，能夠在年近五十歲時收養這樣一個女兒，而且如此巧遇，如此費盡周折，終於心滿意足了。

但林語堂高興得太早了，很快來自各方面的壓力使林語堂不得不讓玉華回到中國。其最主要原因有三個：一是玉華的哥哥不同意這件事，他認爲玉華不是孤兒，這樣被人收養有損金家的臉面。二是經醫生檢查，發現小玉華患有心臟性風濕病，沒有辦法治療，恐怕壽命不長。最重要的還是來自妻子廖翠鳳的堅決反對，因爲林語堂未曾經過她的同意，她又覺得林語堂這是多此一舉，毫無必要。妻子的理由有兩個：一是她已有了三個女兒，沒有理由收養別人的女兒，她甚至直接了當地表示說，別人的女兒她不要。林語堂說玉華可憐可愛，自己的三個女兒都漸漸長大成人，能有個天眞養女在身邊，心裡會高興和快樂些；而妻子的回答是：玉華比三女兒相如也只少兩歲，算不得小多少。林語堂說玉華長得那麼瘦小，身體又是那種情況，在林家肯定會比別處好些，妻子仍然不同意。二是妻子認爲，以玉華這樣的身體，林家如何能夠承擔得起醫療費？何況林家經濟情況並不富裕，背上這個包袱怎麼得了！到後來，妻子甚至對林語堂說，她後悔當時不該做絕育手術，否則還可以再給林語堂生一個女兒。

在這樣的情況下，林語堂沒有辦法，只得將玉華送回祖國。玉華的不得不回國，對林語堂的打擊甚大，幾乎使他魂不守舍。林語堂的女兒林太乙非常理解父親的心情，她說：「玉華回國，對父親是個大打擊。他的傷心，沒有辦法對人講。在他心靈深處，藏著幾個傷痕，他畢生不能忘懷。」（《林語堂傳》）知父莫如女，林語堂的愛眞、愛美和愛善的心思林太乙是比較理解的，那是一顆藝術之心，是非性情中人難以體會到的。

小玉華回國後，又回到自己的家，回到了母親和哥哥的身邊，這個如夢一樣的女孩子的命運就是這樣，無情的風將吹來吹去，她自己是不能左右自己的。據說，當她當大成人後與人結婚了，在四十歲那一年死去了。一朵美麗的花朵在開過她短短的花期之後，很快就凋謝、落地成泥了。

第六章　國外漂泊（下）

六、《蘇東坡傳》

在林語堂的一生中，蘇東坡是個關鍵人物，因爲我們可以從林語堂的文章中常常看到「蘇東坡」這個名字，也可以看到關於蘇東坡文字的引述。甚而至於，除了心有餘暇寫出《閑話說東坡》之妙文外，林語堂還有興趣考證蘇東坡與其堂妹小二娘間的愛情關係，尤其細究蘇東坡對堂妹的無限傾慕和難以告人的幽恨；也有興趣考證蘇東坡並沒有什麼才女式的妹妹蘇小妹存在。因爲林語堂心目中，蘇東坡已不只是一個歷史人物，而是一個可以傾心交談的知己了。到一九三六年，林語堂舉家遠涉重洋去美國時不惜淘汰許多珍本好書，但關於蘇東坡一百多種研究資料他卻全部帶在身邊，這占去了他行裝的很多地方。對於這一點，林語堂表示說，一面是因爲準備到國外翻譯或寫作一本關於蘇東坡的書；一面是由於在孤獨的海外客居中時時可有蘇東坡作伴。林語堂曾這樣深情地說：「像蘇東坡這樣富有創造力，這樣剛正不阿，這樣放任不羈，這樣令人萬分傾倒而又望塵莫及的高士，有他的作品擺在書架上，就令人覺得有了豐富的精神食糧。」

林語堂曾在《讀書的藝術》中說過這樣的話：「世上常有古今異代相距千百年的學者，因思想和感覺的相同，竟會在書頁上會面時完全融洽和諧，如面對著自己的肖像一般。」林語堂稱這種現象爲「靈魂的轉世」。以此爲前提，林語堂推演說：「蘇東坡乃是莊周或陶淵明轉世，袁中郎乃是蘇東坡轉世。」林語堂的這一概括非常精妙，它將人們尤其是文人心靈世界的共感、共知、共鳴這些只能意會不可言傳的微妙之處非常準確地傳達了出來。只是不知道林語堂有沒想到他自己與蘇東坡的關係，那是否也是一種「靈魂的轉世」？

一九四五年，林語堂開始著手寫作《蘇東坡傳》，這是他一生中最爲快樂的時光之一。在這兩年多的寫作生活中，林語堂可與蘇東坡朝夕相處，共話心靈，一起探討關於政治、社會、人生、生命、意義和理想等問題。一些難解之謎林語堂都在此時向蘇東坡「請教」，而在林語堂的理解中蘇東坡的光芒更爲四射開去。只要看看他爲這本書寫的序言，我們就可以理解這一點。在被林語堂列爲比《生活的藝術》和《京華煙雲》更得意、更珍貴的這本《蘇東坡傳》裡，我們可以體味到兩顆靈魂在廣大無垠的時空中進行的親密無間之對話，這是一次靈魂的貼近，也是一次意味深長的靈魂之轉世。

這可不是一篇一般化的序言，更不是那種哼哼唧唧、味同嚼蠟的八股介紹文字，而是一首詩，是從心靈最深處流淌出來的甘洌清泉，它會使那些含混焦渴者滿足，緊張者放鬆，低靡者振奮，憂愁者歡樂，……。一句話，它會給讀者插上翅膀，在天地間自由的飛翔。林語堂按自己的理解概括說：「蘇東坡是個秉性難改的樂天派，是悲天憫人的道德家，是黎民百姓的好朋友，是散文家，是新派的畫家，是偉大的書法家，是釀酒的實驗者，是工程師，是假道學的反對派，是瑜珈術的修練者，是佛教徒，是士大夫，是皇帝的秘書，是飲酒成癖者，是心腸慈悲的法官，是政治上堅持己見者，是月下的散步者，是詩人，是生性詼諧愛開玩笑的人。」在這裡，林語堂對蘇東坡之評價既是非常個人化又是比較隨意的，但其中卻蘊含了林語堂自己的經驗感受和靈魂滲透，表現出驚人的悟性和深刻的透力。最重要的是，在林語堂眼裡蘇東坡的高大形象。他不惜用「光風霽月」、「迷人的魔力」、「望塵莫及」、「偉大」和「天才」這樣的詞來贊美蘇東坡，由此也可看出蘇東坡在林語堂心目中的地位。林語堂飽蘸濃郁的詩情還這樣寫蘇東坡：「他的肉體雖然會死，他的精神在下一輩子則可成爲天空的星、地上的河，可以閃亮照明，可以滋潤營養，因而維持衆生萬物。這一生，他只是永恒在刹那顯現間的一個微粒，他究竟是哪一個微粒，又何關乎重要？所以生命畢竟是不朽的、美好的，所以他盡情享受人生。這就是這位曠古奇才樂天派的奧秘的一面。」

何以蘇東坡能讓林語堂如此佩服，推崇備至甚至有些崇拜呢？我認爲一面是因爲蘇東坡確實不得了，是個天才，是個人格高尙的人，是個性情可愛的人，用林語堂的話說就是具有蟒蛇的智慧兼有鴿子的溫柔敦厚；另一方面是由於在蘇東坡身上林語堂發現了自己，就是說在許多方面二人具有相似甚至相同之點。

蘇東坡是個全才，又是個奇才。他琴棋書畫、詩詞歌賦、醫理釀酒、烹飪美食、蓋房搭屋、練丹養生、爲政治水等都無所不通，而且每一學科都有精深之研究，都是專家。直至今日，他的東坡肘子、詩詞、書畫還廣爲人們喜愛。更重要的是，蘇東坡的每一項成就都不是刻意而爲，竭思殆慮，他往往有點石成金之妙，只要有感而發，順乎天性，自然流露，隨意揮灑，都有至理名言，都有不凡的成就。就如同天上的暴雨，山間的飛瀑，海中的浪花，那是一種生命的張揚和閃現，是天意而非人爲。這種多才多藝、博大精深的才氣是百年甚至千年而不遇的，從中也可看出人類偉大智慧之極致。林語堂也是一個多才多藝者，他除了小說、散文、戲劇和詩歌創作，還是語言學、文學、藝術和《紅樓夢》的研究專家，而且他又是一個成功研製簡明中文打字機的發明家。另外，在書法、繪畫、音樂、演講上面，林語堂也都有較高的造詣。難怪林語堂的三女兒林相如在《憶父親》中說：「父親是個天才，母親和我們姊妹們都不是。」且不論這一評價是否確切，也不說林語堂在才智上與蘇東坡相去多遠，但我們不得不承認林語堂的聰明和才氣。連林語堂自己都認為，他們林家人個個都是聰明的。

林語堂非常佩服「蘇東坡是個秉性難改的樂天派」，「他的一生是載歌載舞，深得其樂，憂患來臨，一笑置之。」「蘇東坡過得快樂，無所畏懼，像一陣清風度過了一生。」(《〈蘇東坡傳〉原序》)所以，在林語堂筆下的蘇東坡性格開朗，心胸坦蕩，高興時常常哈哈大笑，即使不高興甚至遇到挫折，他也不改其志，依然苦中作樂，自得其美。最著名的是被流放至荒蕪人煙的海南之後，儘管彼地潮濕、霧重、氣悶、食糧不繼，但蘇東坡並不以之為苦，反而達觀快樂。在這期間，蘇東坡除了造房釀酒、造紙製墨、烹飪採藥外，還注釋了《尚書》，編輯了《東坡志林》，還和陶詩十五首。他還獨出心裁發明了「食陽光止飢」的方法。另外，詼諧幽默也是蘇東坡的特長。有一次蘇東坡應試，用了一個自己編的「堯和皋陶對話」的典故，結果主考官梅聖俞不知典出何處，又不敢提問，擔心別人說他孤陋寡聞，於是讓蘇東坡能矇混過關。後來，梅氏私下裡問蘇東坡才知道了事情眞相。另一次，蘇東坡與和尚佛印鬥智，他聰明機智地問難佛印：中國古代詩人何以將「僧」與不雅的「鳥」字相對？而和尚回答得也妙，他說：「這就是我為什麼以『僧』的身份與『你』蘇東坡對坐的理由。」聽來不甚雅致，但亦莊亦諧卻能和盤托出。蘇東坡似乎不是凡人而是神仙，他珍惜生活中的每一時刻，並從中得到快樂，如同陽光一般的詩意令蘇東坡成為一個生活的快樂者，沒有什麼東西能將他打敗。林語堂也是這樣，他稱他的父親是一個不可救藥的「樂天派」，他自己也是達觀幽默，在家中、在講演時、在與朋友相聚裡，他常常是妙語連珠，一派機智風趣。

蘇東坡是一個沒有機心，不精於自謀，完全聽任自然的人，林語堂稱他有「赤子之心」。所以，蘇東坡對父母、對兄弟、對妻子女兒、對朋友、對僕人、對妓女，甚至對敵人都不懷有惡意，而是心揣一片善心。他與弟弟蘇轍多少年都是同甘共苦、相濡以沫，是彼此心照不宣的知己。對愛妾朝雲、舊愛堂妹更是情深意長。對害過他的學生、政敵，他也光明磊落，心地坦蕩。蘇東坡在給弟弟的一封信中說：「我上可以陪玉皇大帝，下可以陪卑田院乞兒。在我眼中天下沒有一個不是好人。」這裡顯然有著濃郁的赤子之心和宗教情懷，也與那些嫉賢妒能的斤斤小人相去霄壤。這也讓我想起黎巴嫩作家紀伯倫對罪人和惡人的「憐憫」態度，認為他們比好人更可憐，他們在這個世界上是一無所有的。既然蘇東坡是赤心一片，那麼在感情的表達上就自然而然了。如蘇東坡晚年帶病到常州堂妹小二娘墓前痛哭不已，其傷痛時以至於泣不成聲，委地如泥，不能起身。這也是一副眞性情的表記。在這一點上，林語堂頗近蘇東坡，他不僅充分肯定老子、莊子和蘇東坡的「赤子之德」，而且也身體力行，敢做敢為，自由任性，決不做轅下受束縛的小馬駒子，而是執著地保持自己的一顆「童心」。他曾在《四十自敘》中以這樣的詩句自許：「喜則狂跳怒則嗔，不懂吠犬與鳴驢。」「十年離鄉入新學，別母時哭返狂呼。」「一點童心猶未泯，半絲白鬢尙且無。」

林語堂與蘇東坡的共通處還很多，不能一一盡述。比如在努力工作時追求盡情享受的人生觀，自我欣賞、狂態怪癖、不守邊幅的刁皮性格，以及爲文的行雲流水和自由放逸都是這樣。如對蘇東坡的刁皮，林語堂贊之曰：「別的不說，單說東坡實在不大規矩。其大處爲國爲民，忠貞不移，至大至剛之氣，足爲天下師，而其可愛處，偏在他的刁皮。」「亦是他才氣過人處。」其實，林語堂自己何嘗不是這樣？他少時常常刁皮得很，對此事，家裡人可是人人皆知，即使在《語絲》和《論語》甚至以後時期，林語堂何嘗不是刁皮得可以？

當然，林語堂與蘇東坡又有許多不同處，這也是時代、性情、學識和趣味之不同使然。舉例來說，蘇東坡比林語堂的政治意識強，在這一點上他不似陶淵明，而林語堂倒與陶淵明比較接近。還有蘇東坡比林語堂更聰明更天才，而且也更容易和願意顯露自己。換言之，林語堂說他不敢爲天下先，去巧用拙處頗多，更是深受老莊道家思想之熏染；而蘇東坡則過於顯露自己，有李白式的恃才傲物。對此，蘇東坡晚年已有所悟。他在一〇八三年爲兒子取名爲「遁兒」，他還借此寫了一首「自嘲詩」，表達了自己的悔恨，也寄托了自己的理想。詩是這樣寫的：「人皆養子望聰明，我被聰明誤一生，惟願孩兒愚且魯，無災無難到公卿。」這裡，既有經歷了人生坎坷的頓悟，也有對老莊道家思想的深入理解，但在對兒子成爲「公卿」的厚望中，又令人吃驚地顯示出他強烈的儒家「入世」思想。以此觀之，我們看到了在蘇東坡與林語堂身上，儒家和道教的側重有著很大的不同點。

不少中外文化名人都成爲林語堂著力表現的對象，但我認爲蘇東坡是他最喜愛的一個，也是用力、用心、用神最多的一個。在蘇東坡的靈魂中，林語堂試圖尋找與自己相似的靈魂，一個可以交心交肺的知己。換言之，林語堂實際上是借《蘇東坡傳》來進行著自我的表達。一本《蘇東坡傳》只是寫作就用去了林語堂將近三年的時光，而本書的孕育則長達十數年之久，其中肯定留下了林語堂無數的汗水、淚水和血水。雖然林語堂自己說，像蘇東坡這樣一個「元氣淋漓富有生機的人」最難以表達，但這部二十世紀名人傳記的經典之作畢竟以其獨具一格的觀點、方法、觀念、靈性和優雅，感動了一代又一代中國人。余秋雨曾在《蘇東坡突圍》裡說過：「我非常喜歡林語堂先生的《蘇東坡傳》，前後讀過多少遍都記不清了。」從中也可看出林語堂《蘇東坡傳》影響之大、之深和之久！

七、「出任校長」風波

在《八十自敘》中林語堂曾表示說，他始終喜歡革命，但不喜歡革命家。他極不喜歡小政客，絕不加入任何團體在裡面與人爭吵。這些話赤裸裸地表明林語堂崇尚自由的立場。終其一生，林語堂確實不是政治家，也不是爲政者，他有限而且時間頗爲短暫的幾次「爲政」經歷，都不算成功，有的還慘遭失敗。比如，在廈門大學做文科主任時，他竟被校長林文慶尤其是理科主任——實權派劉樹杞擠得一蹋糊塗，最後不得不離開廈門大學。又如到武漢國民政府外交部陳友仁部下做秘書，他也僅僅幹了半年就辭職了。無巧不成書，在出任南洋大學校長又僅僅半年他也不得不辭職。有趣的是，在這一次校長任上，學校尚未建成，學生還未見面，只是在建校準備工作之中，因此有人說林語堂還不能算名符其實的校長，只能稱爲「影子校長」。但不論成敗，林語堂在出任南洋大學校長的風波中，還是很能說明林語堂的文化觀、性情和工作作風，也說明他的文學家和學者氣質。

對林語堂出任南洋大學校長一職的起因，大約有兩種意見：一是林語堂女兒林太乙認爲，林語堂名大聲高，是受南洋大學聘請，並經雙方反覆磋商而成；二是南洋大學校史認爲，林語堂通過關係，多方拜託，打通路線，由南洋大學聘請的。這雖是矛盾雙面各持一詞，難以確定之事，但我認爲林太乙的說法比較可信，因爲以林語堂的自負、自信和不阿諛的性格，他不大可能那麼重視南洋大學校長一職。其比較可靠的證明是，出任前林語堂寫給南洋大學執行委員會主席陳六使的信，這是一封不卑不亢、並不迫切，反而向校方提出較高辦學條件和要求的信，其信中亦明顯表明自己本不願應聘之類的話。信是這樣寫的：

六使先生道席：

奉誦來札，過蒙獎飾，且擬委以南大重任，念增惶愧。弟何人斯，曷克當此！且老馬伏櫪久矣，大不想吃六山草，此項衷情，屢向瀛洲先生言之。瀛洲先生卻會眞誠感人，乃與之作數夕談。弟於吾國文化，僑胞福利、亞洲將來，未嘗不縈懷，乃以茲事綦大且繁，不得不詳細考慮，一則任重道遠，恐不稱職；二則凡事創業艱難，築室道旁，三年無成，權不專，信不堅，則事不成；三則南大之辦，非僅關教育，蓋亦寄保存發展吾國文化之願望焉，必有雄厚基金物力，始能貫徹始終，爭得學術界地位，成爲亞洲東南第一學府。茍非諸公遠矚，志在必成，或恐淪爲尋常又一大學，枯在江南而爲枳，斯不足觀。與瀛洲兄晤談後，深知我公熱誠爲我僑胞謀幸福者如此。而深謀慮遠見識過人者又如彼，竊爲星洲華僑幸，故已許附驥尾，追隨努力，事有可爲，則在必行。余告瀛洲兄面詳。即請

道綏

民國四十三年正月九日　弟林語堂頓首

在此信中，林語堂清楚提到辦亞洲東南第一學府非有雄厚基金物力和專權信堅不成，否

則恐淪為尋常又一大學，斯不足觀。如果聯繫林語堂獨特的教育思想，和在廈門大學無權受擠不能成事的教訓，就可以理解林語堂出任南洋大學校長的最主要原因，是實現自己的夢想，即創辦一所眞正的世界一流大學。否則，如果只為創辦一般體制下的一般大學，以林語堂的繁忙和寫作雄心，他是不屑於去浪費光陰的。依我的理解，林語堂除了考慮南洋大學不菲的工資待遇外，最能誘惑他的主要還是夢想建成一座眞正「林語堂式」的大學，從而徹底打破中國教育體制的痼弊，這一點從林語堂上任後提出的辦學宗旨和方針即可明曉。比如兩大宗旨是：一是學貫中西，所學致用；二是除文、商學院外設理工學院，使人人有一技之長。又如八大方針包括：一是提倡電化教育；二是成人教育；三是設獎學金；四是行導師制；五是創大學出版部；六是提倡學術研究；七是與英美大學交換教授；八是男女學生兼收。很明顯，林語堂想創辦一所古今中外貫通，又能適應社會發展的新型大學，起點高，目標遠，氣勢大，可以說是雄心勃勃地要大幹一場的。

但事情遠非林語堂想像得那麼簡單，那麼浪漫，一旦在現實中，尤其在新加坡那樣複雜的環境中，這一理想就受到很大的衝擊與阻礙。最初的衝擊是關於校方人員安排一項。基於以往廈門大學的經驗，林語堂深感自己人的重要性，這是他的辦學構想能夠得以順利進行的條件。於是除了自己精選了各科院長、主任外，林語堂還特別帶了二女兒林太乙任校長秘書，二女婿黎明任行政秘書（相當於副校長職權），侄子林國榮任會計長。這是林語堂採取的「內舉不避親」的做法，因爲林太乙、黎明和林國榮確實都是精明強幹，頗得人們好評和林語堂信任。問題是中國社會如果眞正如此去做，就難免受到非難，當時新加坡很快就傳開林語堂「任人爲親」而不利於辦學的說法，甚至還有人說這是一種「家族統治」。緊接著是生活上的習慣，林語堂在一周內連續換了幾個廚師，因爲在林語堂看來吃不好如何能夠工作得好，人生又什麼樂趣？但在新加坡可了不得，人們如何能夠理解林語堂的生活方式，反正在常人看來這是太挑剔，也是太過奢侈了吧？最重要的是，關於學校建設條件、方式和校長權限的衝突。在南洋大學校委會方面，建校不可一步完成，資金也是如此，需慢慢募集，而陳六使當時答應林語堂的條件，並許諾的二千萬資金也是沒有到位，只是讓林語堂高興地放心來校任職罷了。（參見施建偉《林語堂傳》，北京十月文藝出版社一九九九年版，第五三三頁）最重要的是，在林語堂來南洋大學前，學校已經破土動工了，而且學校設計都已確定。而在林語堂方面，他感到南洋大學根本沒有建立世界一流大學的財力和物力。還有建築方面的舞弊現象，據林太乙說，林語堂很快發現了這一點。更爲重要的是，學校方面違反對林語堂的諾言，擅自對藏書樓、工學院大樓進行建造，學校設計更是不令人滿意，林語堂特意帶來的學校設計師根本派不上用場，所建的部分建築很不成樣子，如林語堂最重視的藏書樓建在陽光差、地方小的場所。（參見林太乙《林語堂傳》）林語堂欲掌握學校財權的計劃也遭到大學委員會的抵制，他做的大學經費預算也被認爲是口味過大，太過「奢侈」。這是林語堂萬萬沒有想到的，因爲早知道是這樣的經濟狀況，這樣的「無權」校長，他是無論如何也不會來任職的。與此相關的還有，林語堂的親蔣立場令新加坡人大爲不滿，因爲當時選擇校長他們就有一個條件，即不要國民黨員，也不要共產黨員，林語堂雖條件符合，但他卻明顯是靠近蔣介石的。

開始，林語堂對南洋大學委員會的不滿及其雙方的矛盾還隱伏著，沒有公開，但後來就爆發了。其主因還是關於建校「預算案」的數目問題，一九五五年二月十七日校董會執委對林語堂的預算案一致否定，認爲不可接受。後來，林語堂請律師解決雙方爭端，因爲《南洋商報》在雙方會面前一天登出了十七日校董會的情況，並且有文章直接攻擊林語堂，這令林語堂大爲惱火。十九日雙方面談開始，很少發火的林語堂指著陳六使說：「你會行棋，我會看棋」，「我知道你是《南洋商報》的主席，昨天所載是你主使的。」到後來，林語堂氣憤得用閩南話直斥陳六使，說他背信棄義，不守承諾，連續說出一連串「我問你」的話，還拿出一個條子讓他簽字承認一些條件，弄得陳六使不敢應對，只得由廚房經後門跑掉了。後來的陳六使回憶此事，還將這一次看成是他一生中所受的少有的斥責和侮辱。從林語堂方面看，他是做出不少讓步的，如放低標準將學校建設資金總預算的一百九十萬美元降爲七十萬美元，設計校舍的任務交給一個校委員負責。但是，林語堂與校方的矛盾並沒有因林語堂的讓步而結束，後來林語堂被要求寫出一九五五年計劃購買的九萬册書書名和作者詳細表册，校方在報上登出林語堂要控制幾百萬元款項的大字題目，限定林語堂與校方代表在兩周內將大學預算及解決方案進行檢討以全盤解決問題。處於這樣的情況，林語堂與被聘任的十一名教職員於二月二十八日提出辭職。這樣，林語堂欲在南洋大學創辦世界一流大學的夢想終成泡影。在後來回憶南洋大學風波中，林語堂很帶了些憤憤之氣，他甚至用這樣的比方說：套用軍事術語來說，這個陣地已無法守衛，因此不得不以常識冷靜命令全體撤退。林語堂在南洋大學期間，一直受到安全威脅，有人投恐嚇信，揚言要取林語堂的性命，女兒林太乙還向幼兒園老師囑咐，沒有她本人和家人誰也不准接走她的女兒。爲保證林語堂一家人的安全，新加坡方面還眞的出動了警察，直到離開南洋大學到機場時，警察也還護衛著。爲此，林語堂一家半年時間裡精神受到很大的刺激，尤其妻子廖翠鳳的精神幾乎到了崩潰的邊緣，直到離開新加坡，林語堂一家才鬆了一口氣。

出任南洋大學校長一職，對林語堂來說無疑一場大夢，由於當時情況十分複雜，資料又各執一詞，今天的研究者很難對其是否曲直進行公正的評說，所以往往出現明顯的傾向性，這是可以理解也是難以避免的。除訏站在林語堂的立場說，林語堂應該像《紅樓夢》中的王熙鳳那樣帶去一些基金才能在南洋大學立足，空口白去如何能行，何況如陳六使那樣的商人懂得什麼大學或第一流大學？（《追思林語堂先生》）但我認爲，雙方難以合作的根本原因仍然是辦學方針、爲事方式和性情不合使然。林語堂懷著高遠的理想，以其夢想方式試圖開天闢地，創造驚世之偉業；而陳六使等以慢慢來的經濟辦學方法試圖一步步推進。林語堂欲一人「專權」，讓南洋大學完全按照自己的設計建成非同尋常的大學；而陳六使根本不會贊同他一個人說了算，換句話說，他們根本不想把全部的權力放給林語堂，他更看中林語堂的名氣、文學和學術的影響力，他可能更相信多方面的「合力」，以商人的勤儉持家方法辦學。林語堂個性鮮明，坦率眞誠，喜歡直來直去，不喜做僞弄假；而南洋社會比較複雜，陳六使身爲商人，當然心有機謀。林語堂晚年新友錢穆知道南洋大學的一些人，曾說過比較中肯的話，這可從錢穆夫人胡美琦的回憶中看得出來，她說錢穆曾感嘆道：「林先生想辦一所世界一流大學的理想是可以理解的，新加坡僑界無力配合此一理想以達成林先生的願望，也值得同情。雙方相互之間缺乏了解與溝通，才造成了這不幸的結果。賓四又說，從語堂先生的來信，他覺得語堂先生是位可以接收異議的人。如果當初他倆有緣相見，語堂先生知道了新亞書局在香港創辦的種種經歷，或許會考慮把標準放低，先穩定了學校，再求逐步提高標準，達到理想。賓四以為語堂先生的辭職，對南洋僑界固然是一大損失，而對林先生本人，也造成了一種傷害，實在是件令人惋惜的事。」（《林語堂與錢穆一家的交往》）這是知情知人之論，因為林語堂出任南洋大學校長一事，太過夢想，太過急於求成，太過不切實際，成就大業之心太勝，這就失了平常之心，當然不得不失敗了。但錢穆忽略了林語堂出任校長的動機和林語堂本人的性情，如果眞像錢所言，先穩定學校，再逐步提高標準，那又並非林語堂出任校長的初衷，也不是具有奇思夢想的林語堂之所做所為。如果不是有可能在生之年創辦一所「林語堂式」的眞正的世界一流大學，林語堂是決不會在六十多歲高齡，放棄自己的寫作，從美國遠走新加坡出任一個普通大學的校長的。

八、《奇島》與《紅牡丹》

林語堂雖然身在美國，遠離中國抗日戰爭的主戰場，但他並不是一個能夠置身戰爭之外的作家，因為他是一個具有強烈愛國心的作家。還是在一九三七年抗日戰爭爆發不久的八月份，林語堂就在《時代周刊》上撰文《日本征服不了中國》，闡述他的「中國必勝觀」。這在長時間的「中國必敗論」和「中國前途渺茫論」的悲觀情緒中無疑是一副清醒劑，就是在少有的「中國必勝論」者中，林語堂也是最清醒、最自信和最自覺的人之一。能夠在抗戰爆發一個月後如此明確的提出「日本必敗」和「中國必勝」，這充分反映了林語堂在政治和軍事上的遠見卓識。在一九三九年，林語堂又寫了《眞理的威脅不是炸彈，是概念》，發表在《紐約時報》上，文章對人類的前途充滿信心，認爲野蠻的戰爭決不會摧毀文化。一九四〇年春林語堂一家從美國回到中國，沿路不停地做抗日戰爭的宣傳工作。後來，林語堂又在《風聲鶴唳》、《啼笑皆非》等作品中爲抗戰吶喊。比如《風聲鶴唳》塑造了老彭、丹妮這兩個爲了抗戰而犧牲自己愛情的人物形象。《啼笑皆非》也是站在世界政治和文化的立場批判強權與戰爭的罪惡，希望用東西方文化互補的方式來拯救世界。這一理路雖有些紙上談兵，但它確實具有遠見卓識，標示出人類發展的理想主義前景。今天，我們越來越感到人類文化發展的狹隘性與功利性，也越來越感到林語堂視野的開闊與博大。當然也應該看到，林語堂逐漸表現出親蔣的傾向，這既表現在與蔣介石的頻繁接觸，又表現在他對蔣介石的直言不諱的贊頌。比如，他在《新中國的誕生》裡稱：蔣委員長是一位偉大的領袖，他的智慧及道德觀念，足以應付日本侵略者及國共的糾紛。一九四四年出版的《枕戈待旦》更反映了林語堂的「親蔣」觀念。這導致了中國作家、學者包括美國的賽珍珠等人的不滿，後來林語堂也認識到自己過於明顯的政治傾向性。

抗戰勝利後，林語堂的心情變得開朗起來，他的那本廣受贊揚的《蘇東坡傳》就開始寫作於一九四五年。還有，他多年寫作也積攢下一筆可觀的收入。這些都使林語堂又產生了新的奇思妙想，研製中文打字機。林語堂曾這樣表示自己的獨特觀點：「一點痴性，人人都有，或痴於一個女人，或痴於太空學，或痴於釣魚。痴表示對一件事的專一，痴使人廢寢忘食。人必有痴，而後有成。」但林語堂萬萬沒有想到這項工作遠遠超過他的想像，除了工作的難度大，經濟的花費也是大得驚人。一九四六年時林語堂的積蓄已有十多萬美元，但很快就用去了。此時，林語堂向賽珍珠夫妻借錢，遭到了拒絕，從此林、賽兩人的友情開始出現裂痕，後來知道賽珍珠從自己身上大賺其錢，而付給自己的卻很少時，林語堂與賽珍珠之間發生了版權糾紛案，從此，這兩位多年「友好」合作的朋友反目了。林語堂曾深深感謝他所受賽珍珠的知遇之恩，但他也這樣表示對賽珍珠的失望：我於是眞正地認識了一個美國人。後來，林語堂多虧骨董商盧芹齋借給他一大筆錢，同時他又向銀行貸款，才完成了這部機器的研製。對林語堂發明的這部中文打字機，語言學家趙元任曾給以高度的評價，對他的科學、簡便和實用表示欽佩和贊美。

在這些年裡，林語堂還寫過另外一些著作，它們是《老子的智慧》、《美國的智慧》、《朱門》、《奇島》、《武則天傳》、《匿名》、《紅牡丹》、《賴柏英》和《逃向自由城》等。其中以《奇島》和《紅牡丹》最爲著名。前者出版於一九五五年，後者出版於一九六一年；前者一本幻想小說，後者是部性愛小說。

《奇島》奇就奇在故事發生在半個世紀以後的未來時間，即二〇〇四年。此時，美國二十五歲的姑娘尤瑞黛與未婚夫保羅駕駛科學考察的飛機失靈，墜落在南太平洋一個小島上。保羅與當地人發生衝突被打死，尤瑞黛被呵護並與當地居民和平相處。這個奇島上居住著來自希臘等國的哲學家勞思、人類學家艾瑪・艾瑪、百萬富翁阿山諾波羅斯、美食家喬凡尼、神父唐那提羅和雕刻家菲利蒙等，他們都是數十年前爲逃避戰爭來到這個地圖上找不到的小島定居的。最有意思的是，這些文明人在島上和平共處，並可以互相探討文化、人生的價值和意義。尤其以勞思的談鋒最健，見解最獨特，思想最深入。勞思以自己的博學多思，往往站在世界人類文化異化的高度來思考設計人類的發展及其命運，因此他的遠見卓識如天風一般從高空吹來，也如大海中的巨浪滾滾而來，令人應接不暇，喜不自勝。可以這樣說，勞思的高談闊論處處閃現著智慧的光芒，就如同在海灘上可以隨時拾到沙粒一樣。勞思談歷史，談飲食，談談話，談閒適，談自然，談哲學，談人類文化，談人類的心靈等等，可以說勞思是人類文化的大設計師。比如，他這樣闡述自己的文化觀：「文明的合理進展遭到了阻礙，過好日子的機會也喪失了。大自然憎恨空虛，人類的道德哲學已經變爲一片眞空。當然一定會有戰爭，在四次戰爭中，無益的知識塡滿了餘下的一切，偉大神奇的知識塡滿了一大堆，多到我們無法舒舒服服地消化完。但是沒有一間平靜的屋子了，人類已被他自己積起來的純知識重量壓得要窒息了。恐龍就是這樣才絕了種的。因爲身體和腦袋的重量差得太遠。」勞思還說：「我希望現代人能一心享受安適和舒服，能跟得上生活水準提高的福音，結果全不是那回事。他發明省力的機器後，反而比以前更辛苦了。進步的步伐太快，他陷入迷宮裡，找不到出路。奇怪的是，大家仍然對懶惰皺眉頭，享受悠閒是丟臉的事兒，什麼也不做是一種罪孽。」表面看來，勞思的文化觀是反文化的，實際上卻是對人類文化的異化進行嚴厲的批判和反撥的。這些在五十年代林語堂說的話，今天看來是多麼切中要害啊！這這本小說裡，林語堂試圖建立健全的理想文化，通過這一努力，人類能夠越發展就會生活的越幸福，而不是相反。

《奇島》還有一個特點就是閒談體。一般來說，小說這種體式是以傳奇的故事性打動人心的，林語堂的多數小說都是這樣。但到了《奇島》則淡化了故事性，而強化了談話風。這是一本充滿談話的小說，而且人們所談也都是關於形而上的文化人生的，在大多數讀者讀來肯定也是相當枯燥乏味的。從此意義上有研究者否定這部小說的價值意義和文體純粹性，也將它說成是一部失敗的小說。但我認爲，不管是對林語堂小說創作而言，還是對二十世紀中國小說創作來說，《奇島》都是一部值得重視的小說，它在思想內含和文體形式上都是獨特的，値得研究者深入地進行探討。《奇島》是林語堂一個美好的夢，也是他爲人類文化發展做出的一次理想主義的設計，它至少對阻止人類文明的加速異化會起到一定作用。我相信，越到後來，林語堂這部小說的偉大意義越會顯示出來。

《紅牡丹》主要塑造了清末光緒年間一位少婦紅牡丹複雜曲折的愛情生活。這是一個美妙絕倫、風韻動人的女性。林語堂這樣寫道：「她貌美多姿，已然聞之久矣。」「她那猶如皎潔秋月的臉露出了一半，眼毛黑而長，鼻子挺直，濃郁美好的雙唇，端莊的下巴。」「她的眼睛閃著青春的光亮，流露出小孩子般淘氣的神情。」更重要的是，林語堂深入發掘了紅牡丹內心的情感世界和性意識流程。在林語堂筆下的紅牡丹往往見一個愛一個，到處播散愛情的種子，她極容易被人們誤解爲「水性揚花」的女性，其實，紅牡丹是一個對肉體和精神具有雙重要求的富有個性的女性。這與中國傳統女性的「從一而終」大爲不同。換句話說，紅牡丹是一個不斷追求「完美」的新女性，然而在現實生活中完美的男性是沒有的。作者就這樣在複雜而尷尬的處境和選擇中來刻畫紅牡丹這一女性形象的。可以說，《紅牡丹》這部小說的獨到之處在於：寫出了女性內心世界的複雜性，也寫出了人性和人類情感的複雜。這彷彿是一感情和人性的迷宮，令所有進入其中的人既感到眞實，又感到困惑與無奈，一種悲劇的情緒和氣氛自始至終瀰漫著整個作品。

大膽的性描寫是《紅牡丹》的另一突破。這部書的譯者張振玉曾說：「本書寫寡婦牡丹，純係自然主義之寫法，性的衝動，情之需求，皆人性之本能，不當以違背道德強行壓抑之，本書之主題似乎即在於是。此種見解，今日恐仍難免爲社會上一部分人所反對。……《紅牡丹》中作者之寫情寫性，若與中國之舊小說與近五十年來之新文藝小說內之寫情寫性互相比較，皆超越前人。《金瓶梅》之寫性只是乾燥之說明敘述，而《紅牡丹》之寫性則側重在氣氛之烘托與渲染。民國近五十年來之新小說家，絕無人如此大膽，無人敢以如此多筆墨從事熱辣辣之性描寫。林語堂先生之敢於如此運用筆墨，推其緣故，主要原因，本書係英文著作……與西方道德氣溫或人生觀較爲接近之故。書中對愛情之含義頗多雋永妙語，啓人深思，可做『愛經』讀，若謂有啓聾振瞶之功，亦無不可。」（轉引自施建偉《林語堂在海外》，百花文藝出版社一九九二年出版，第二一四頁）

值得提示的是，林語堂在美國多年，總體來說還是較順心的，尤其是事業上更是如日高升，不斷有新的收穫。這在與中國大陸的現代作家相比更爲明顯。在美國的林語堂，他幾乎每年出版一本著作，而且許多作品都是暢銷書，爲林語堂本人，也爲中國作家贏得了無上的榮譽。後來，台灣著名作家林海音稱道：林語堂是二十世界最有影響的世界性中國作家。但在這些年月裡，林語堂並不總是順心的，其中最揪心的一件事，是大女兒林如斯與美國人的不幸婚姻。儘管在女兒婚前林語堂反覆阻撓女兒與美國人的婚姻，但女兒離婚後林語堂卻仍然給女兒更多的理解與關愛。然而，林如斯卻一直過著孤獨的生活，也影響了林語堂的身心。給林語堂帶來更大打擊和摧殘的是，後來女兒的自殺。林如斯在默默地渡過了數不盡的寂寞日月後，向這個世界徹底告別了。死前，女兒給父母寫下了這封遺書：「對不起，我實在活不下去了，我的心力耗盡了，我非常愛你們。」爲了聰明伶俐的女兒如斯，林語堂寫下了一首懷念詩《念如斯》，詩是這樣的：東方西子，／飲盡歐風美雨，／不忘故鄉情獨思歸去。／關心桑梓，／莫說痴兒語，／改妝易服效力疆場三寒暑。／塵緣誤，／惜花變作摧花人，／亂紅拋落飛泥絮。／離人淚，／猶可拭，／心頭事，／忘不得。／往事堪哀強歡笑，／彩筆新題斷腸句。／夜茫茫何處是歸宿，／不如化作孤鴻飛去。

這當然是林語堂全家回到台灣之後的事情了。

第七章　回歸台灣

後來幾次回到台灣和香港訪問，漸漸林語堂認識到自己已經走到了生命的晚年。由於葉落歸根和強烈的愛國情結，林語堂在美國三十多年卻一直沒有加入美國籍，也沒有購買自己的房子，而是高價租賃房子，因爲他知道自己永遠是一個中國人，不可能成爲美國人。這樣，在一九六六年林語堂全家回到了台灣定居。

一、幽居陽明山

轉眼又有七年沒有回到台灣，所以此次回來林語堂心情既快樂又頗不平靜。令他快樂的是，經過多少年的海外漂泊，今天他終於功成名就回到了自己的祖國，腳下踏著的土地讓他感到格外舒服和安心。還有，蔣介石夫婦特別厚待他，在與蔣介石相見時，林語堂還與他愉快地暢談起《紅樓夢》來。多年的好友馬星野跑前跑後，他們充分體會到美好的友情。還有，沐浴在台灣美麗的風光之中，細聽著鳥兒的歌唱和閩南人動聽的鄉音，林語堂如飲了玉液瓊漿一般，心旗搖蕩起來。爲表達自己來台後的愉快心情，林語堂擬金聖歎的「不亦快哉」寫出了《來台後二十四快事》一文。文章氣勢超拔、才華橫溢、情趣橫生，如江河之倒懸，似天上之來石，又像脫繮的野馬，讀之眞有縱橫馳騁、痛快淋漓、賞心悅目之感。但讓林語堂傷懷的事也不少，如中國新文學先驅胡適先生已於一九六二年在台灣逝世，這位二十世紀中國傑出人物，這位被人尊稱胡適大哥的英才，這位曾在危難中無私幫助過林語堂的朋友，先於林語堂而去了。回到台灣，林語堂首先到老友胡適墓前獻花，默默地站了許久，淚水溢滿了眼眶，心中悲傷極了，一件件往事如潮水般地湧上心頭。

爲了歡迎林語堂來台定居，蔣介石提出要爲他在陽明山建立一幢房子，林語堂破例也是第一次接受了總統的好意。這就是後來成爲林語堂紀念館的房屋，它位於陽明山士林區永福里（後改爲仰德大道）。爲了實現自己的審美理想，林語堂沒有請設計家而是自己來設計陽明山的房屋：沿著大道是一堵白色圍牆，牆中間有一個大紅門。經過精緻的花園，穿過雕花的鐵門，進入一個院子。院子周圍有螺旋式圓柱，頂著回廊。院子裡有樹，有魚池。它的右邊是書房，左邊是臥室，中間是客廳和餐廳。站在陽台上則可以面對綠色的山景。房子下面是斜坡，走下去便是草地，可以種菜、種花和養雞。這是一個面積有一千多平方米的院落，而樓房建築面積也多達三百多平方米。另外，林語堂住宅的院子具有中國傳統的園林風格，而樓房則有西洋建築風格，這是將中西建築風格融而爲一的最好注釋，從中也可看出林語堂中西文化融合的價值理想。

林語堂的女兒林太乙在《林語堂傳》中這樣描繪陽明山居所的美妙和桃花源性質，她說：「這是恍然隔絕塵世，可遇不可求的美夢，父親猶如再回到故鄉，一個變成《愛麗絲夢遊記》般的故鄉！他在小院子中叼著煙斗對一小池魚沉思，他坐在陽台望著遠山、林木，心想，如果可以在園裡養一隻雞，可多好。」的確是如此，陽明山時期是林語堂最爲幽靜閒適的時候，他大多數時間呆在家裡，散散步，養養花，弄弄草，彈彈琴，寫寫字，畫畫畫，一副逍遙自在的樣子。此時間，林語堂家裡雇了佣工，衣、食、清、洗都有專人來做，妻子輕鬆下來，林語堂自己也感到從容多了。在這段時間裡，林語堂夫妻可以心有餘閒一起出去逛逛，看看電影，喝茶吃飯，欣賞一下湖光山色。有時那香美的螃蟹、明蝦，那新鮮清脆的竹筍，那美味的清炖雞湯，都令林語堂感到這裡簡直是神仙居住的地方。可以說，林語堂小說《奇島》裡描繪的美好生活理想，此時在陽明山部分地變成了現實。這時的幽居之樂在林語堂所欣賞的那兩首《樂隱詞》裡表述得最好。詞是這樣的：

短短橫牆，／矮矮疏窗，／慪楂兒小小池塘。／綠水旁邊，／也有些風，／有些月，／有些涼。

懶散無拘，／此等何如，／倚闌干臨水觀魚。／風花雪月，／贏得工夫，／好炷些香，／說些話，／讀些書。

當然，這裡並不是遠離都市的偏僻荒地，而是靠近台北市。這很符合林語堂的「田園式都市」的文化理想。正因爲如此，林語堂在這裡還可以會到許多新老朋友和政界要人。羅家倫、張大千、錢穆、毛子水、徐訏、謝冰瑩、何容、黎東方、黃肇珩、姚朋等是這裡的常客。而行政院長蔣經國也來過幾次。

在陽明山居所這段時間，林語堂心情很好，這時間也留下了一些幽默笑話。比如在爲林語堂舉行的「幽默之夜」中，參加人數多達一百二十人，人們情緒活躍，妙語連珠，堪稱難得的盛會。而其中林語堂的幽默更是引人注目：當他以「林」姓爲自豪時，竟將林則徐、林黛玉和林肯都看成了林家人。聽後令人捧腹。還有，在一次演講中，林語堂這樣表示他反感冗長而無味的演講：「演講應該和女子的裙子一樣，越短越好。」他還發出這樣的智慧之論：「一個人在世上，對學問的看法是這樣的：幼時認爲什麼都不懂，大學自認爲什麼都懂，畢業後才知道什麼都不懂，中年又以爲什麼都懂，到晚年才覺悟一切都不懂。」

也應該承認，陽明山仍然不是林語堂的故鄉——福建漳州。所以，他雖然從遙遠的天邊——美國來到了自己故鄉的對岸——台灣，但心中更思念著他的出生地，那個曾美育過他童年和少年，那個埋葬了他的父親、母親和二姐，那個留下了他的初戀的地方。有時，林語堂也面向著自己的故鄉，一個人陷入了沉思。尤其在夜深人靜的時候，火紅的煙斗閃爍，天地間的人事都已睡去，林語堂往往想得更多。此時，思緒彷佛長了翅膀，飛向很遠很遠的地方。鄉愁與情愁隨著年歲的增長也越來越濃厚了，如同瀰天的大霧籠罩在林語堂的心間。

二、晚年與錢穆的交往

林語堂與錢穆生於同年，都是一八九五年，但由於各種原因，他們二人在大半生的時光裡一直未能相識，更談不上做朋友和深交了。早年，林語堂留學西方諸國，回國後成爲一名文壇健將，享譽國內外之時，錢穆卻沒有什麼聲響，因爲此時的他還在家鄉由小學轉而爲中學任教呢。當錢穆到北京的大學任教時，林語堂已舉家遷往美國，他們更是相去遙遙，無從謀面。到抗戰中間，林語堂歸國宣傳抗日，他與錢穆在宴會上有一面之緣，但隨後林語堂重返美國，二人也就失了聯絡。一般意義上說，林語堂是一個洋氣十足的留美留德派，思想激進偏激，行爲卓然不群，大有我行我素之勢；而錢穆則偏於國學，思想中正保守，性情寧靜如一，不喜躁動，有坐地日行九萬里卻八風不動之概。讓這樣的兩個人去深交並能成爲知己，那幾乎是不可能的。但事實上，林語堂與錢穆在晚年卻成爲知己朋友，有著非同尋常的友情。

抗戰時期在中國西南那一面之交，林語堂與錢穆都是四十八歲，又過了十二年，當他們都是六十歲時，錢穆收到了林語堂從美國寄來的邀請函，因爲林語堂被任命爲南洋大學校長，在他組閣時首先想到了錢穆先生，他來信是請錢先生主持南洋大學研究院的。當時錢穆正在香港辦新亞書院，沒能成行，而是向林語堂婉言謝辭了。當然，由於林語堂和新加坡方面辦學方針不合，他憤然辭去校長職位，而南洋大學的建設和發展也因此受到影響。這次，在林語堂邀請錢穆先生的就職信中，言詞懇切，態度平和，雖然二人未能「成交」，但錢穆卻對林語堂有了新的認識，覺得他是一位可以接收異議的人。林語堂與錢穆的眞正交往，又是在十二年之後，那時他們二人都已年過七十，錢穆辭去了新亞書院院長，住在九龍沙田鄉區的半山上，林語堂也有意放棄繼續在美國旅居而決定回台灣定居。這一次又是林語堂來約請錢穆。《人生雜誌》的王道先生是林語堂的同鄉，也是錢穆的好友，林語堂囑咐王道來邀請錢穆夫婦相聚。於是在王家的小樓上，林語堂夫婦、錢穆夫婦和王道夫婦得以聚會，這是林語堂和錢穆最正式的一次定交。午飯後，林語堂興致頗高，他邀請錢穆等人同去附近的宋王台古跡遊覽，並拍了照片留念。這次聚會時間很長，林語堂與錢穆都很高興，直到下午四時才分手道別。過了些天，林語堂又請王道約請錢穆夫婦在錢先生家附近的海邊畫舫上聚餐，這次參加的人還有林太乙夫婦，八個人相談甚歡，尤其林語堂更是精神很好，據錢穆夫人胡美琦回憶，這一天林語堂和錢穆分手時，「他不勝依依，約賓四（即錢穆，筆者注）到台時一定相會。」（《林語堂與錢穆一家的交往》）

後來，林語堂定居台灣，錢穆也準備離港來台居住。來台灣後，錢穆夫婦即到陽明山拜訪林語堂夫婦，那時林語堂的新居尚未峻工，還住在不遠處的臨時住宅裡，聽說錢穆決定來台，林語堂夫婦高興得不得了。這一次相聚，林語堂向錢穆談起自己關於新居的布置，談搬進新居後的一系列工作計劃。當晚林語堂留錢穆夫婦共進晚餐，他們談話十分融洽，話也說得很多。錢穆夫人胡美琦說，在臨別時，語堂先生爲以後可與錢穆常常見面而一再表露出快慰之情。林語堂夫婦的熱情，使錢穆夫婦很感動。由於林語堂與錢穆在台灣住得較近，他們兩人相聚的機會更多了，每次相聚林語堂多是與錢穆在談論自己的讀書和工作，很少涉及其他事情，連當年有關南洋大學的事情也都矢口不談。錢穆夫人胡美琦稱林語堂與錢穆眞正是君子之交。通過交往，錢穆夫婦也對林語堂夫婦有了明朗而眞實的認識，胡美琦說：「相熟以後，我從沒感到他們（林語堂夫婦，筆者注）帶有洋味，交往愈久，反而覺得他們也是道地的中國味。如果硬要分辨他們與一般人有什麼不同，從我的感受上，或許可說他們夫婦性情較開朗，普通一般人在情感上較爲保守，不輕易對人表露自己的喜怒哀樂之情，而語堂先生夫婦卻並不單意要隱藏自己的情感，這或許就是西化對他們的影響。」（《林語堂與錢穆一家的交往》）一九七六年，林語堂在香港去世，後來遺體被運回台北，葬於陽明山的故居。錢穆夫婦參加了林語堂的追思禮拜和靈柩下窆典禮。此時，重踏林語堂故居，想起在林府聚餐時的種種，又想起林語堂已乘鶴歸去，面對人去樓空，錢穆夫婦眞有無限的傷感縈繞於心。後來，錢穆夫婦又去林語堂故居憑吊過林語堂幾次，此時的他們總願意坐在喜愛的騎樓上，看遠山的景致，思已去的故人，往往總是感慨萬千。此時的錢穆一個人默默無語，坐上很久很久才蹣跚離去。對於這個年過七十才定交的唯一知己新友，錢穆此時心裡到底想了些什麼呢？又過了十五年，九十多歲的錢穆也離開了人世，四年後錢穆的妻子胡美琦回憶起林、錢交往，說過這樣的話：「語堂先生去世至今已十九年，賓四也走了四年多。他們的離去彷彿也帶走我人生中的一切希望，留下來的只剩下一片茫然與混亂。」從中可見，錢穆夫婦與林語堂夫婦的交情確實非同一般。

林語堂曾寫了一篇《談錢穆先生之經學》，其中多有對錢穆的褒譽之詞。他將錢穆看成是一位平允篤實的經師，看成是不持門戶之見的史學家，看成是承前啓後和嘉惠百世的專家學者。林語堂這樣說：「賓四先生的學問，不能以訓詁、章句、音韻之學視之。惟其他是史學家，所以他對中國文化、倫理、哲學，及學術之隆替，三致意焉。」林語堂還用「嘉惠百世」、「深佩他的卓見」、「最先獲我心」和「學問高深」來贊錢穆。對錢穆的《國學概論》

和《中國近三百年學術史》，林語堂也非常推崇，他說：「學者取此二者細讀之，便知道錢先生十目乃一行，不肯放隻字的工夫，然後知道他學問之精純，思想之疏通知遠，文理密察，以細針密縷的功夫，作爲平正篤實的文章。」這可看成林語堂對錢穆的知己知肺之言，由此，我們也就理解了以林語堂之世界性聲譽和影響，他何以能對錢穆如此「情有獨鍾」，心嚮往之，說到底不外乎林語堂非常佩服錢穆的學問人品而已。

三、倡導教育改革

總其一生，林語堂爲人師的時間並不長，可能主要在清華大學期間，但他讀書卻很長，從小學、中學、大學到國外留學讀研究生，到最後獲得博士學位，這前後也有二十多年。在這個過程中，他從學校教育中獲得不少收穫，但對學校尤其是中國學校的教育失誤批評最多。林語堂說：「我虛度了學校光陰，如同大多數青年一般，這一點我只能埋怨那時和現在的教育制度。」（《在學校生活》）林語堂又說：「倘若說聖約翰大學給我什麼好處，那就是給了我健康的肺。」（《聖約翰大學》）而基於學校制度的不合理，尤其是應馬星野先生之邀，林語堂在六十年代中期寫了一系列教育文章，提出了自己獨特而較爲完整的教育思想。學校教育的目的不是升學、拿學分、找工作、謀飯碗，而是求知、增學問、長見識和養性靈，即培養現代化的人才爲目標，這是林語堂反覆強調的。關於聯考，林語堂認爲這是按分數分配給大學的毛病，骨子裡仍然是一種統制人的辦法，是不讓人自由進行選擇的問題，因爲強硬將一個學生錄取到某一個系，那是不尊重學生的特長。於是有教育爲考試，而考試爲升學的顚倒是非式之教育體制。在這一點上，林語堂覺得在抗戰之前，北京和上海的許多大學都不是實行聯考，但大學水平並不低。如投考北大、師大、輔仁和朝陽大學都是自由的，根本沒有聯考的所謂假自由。林語堂提出這樣的觀點：「要知道制度愈密，分配愈嚴，教育愈機械，或許某些教育專家尙還洋洋得意，以爲已把天下英才一網打盡，然而學生死矣，無所逃乎天地之間矣。」林語堂還指出：「辦大學要在易入而難出，不在難入而易出。一班三十個天才學生，讓一兩個南郭先生混進去，也不是什麼壞事。」（《聯考哲學》）對於拿分數的制度，林語堂認爲最是荒唐可笑，那是爲教師的便利而設計的，因爲判明一個學生得多少分容易，反正考學生對知識的記憶力，而不考核學生的天才、興趣、愛好和思維等。如果考一個學生的興趣愛好，你如何用八十六分或九十三分去判定呢？以考試分數這種「塡鴨及趕鴨」的方法不可能培育出學生的求知欲和高尙的心智的。同樣的，拿文憑和找飯碗也不可能養成學生好學愼思的興趣的。因此，林語堂非常贊賞有人提出的中國國民黨時的教育是「國家有計劃地摧殘青年的健康最美滿的制度。」（《改革教育原則》）而教育的最終目的不外乎是培養學生頂天立地，我行我素，覺察懷疑，求知養趣而已。從此意義上說，我們的教育寧可讓學生做裝痴作聾的奇士，也不做糊塗嚴肅的蠢才。（《論學問與知趣》）

對教育的方法，林語堂反對老師沒完沒了地講授，尤其反對老師以多年不變之教材給學生講解定義、原理、概念、範例等。這種教學方法最是可怕，它不讓學生思考、讀書和提問，結果學生成了一個瓶子，一直等待教師往裡「灌水」，直到灌滿爲止。比如老師講一本小說概論和歷史教科書，有時一講就講一學期、一年，如果是這樣哪裡比得上讓學生自己去讀《三國演義》和《水滸傳》，哪裡比得上讓學生好好去讀《史記》？老師反對學生自己讀書，更反對在上課時讀書，結果每天的大好時光學生都不得不坐在那裡聽老師講課，聽那些總是答錯問題的學生回答問題，這尤其對聰明的學生更是一種扼殺和虐待！還有，學校沒有像樣子的圖書館，也不鼓勵學生進圖書館，結果學生除了老師那幾本講義外，別無所學，更無所知。這種教學方法的結果是什麼呢？林語堂說：「今日入學讀書最難。入小學讀教科書，入中學也是讀教科書及文選，甚至入大學仍舊是讀教科書及文選、通論、概要之類。這樣講，入學讀書幾乎是不可能的事。所以今日大學畢業，有的就未讀過、見過、摸過、嗅過《史記》、《漢書》，只讀過《鴻門之會》，但是讀過《鴻門之會》，並不是讀過《史記》。《史記》就不曾摸過、嗅過。有的也許讀過孟姜的故事，但是讀過孟姜的故事，並不是讀過《左傳》。

念了幾篇文選式的《國風》，不是便念過看過《詩經》。念過《齊人一妻一妾》篇，也不是便念過《孟子》，看過《孟子》。這樣的教育，可怕不可怕？」（《補梁任公論讀書的興趣》）直至今天，我們的教育制度不是仍然沿用這一方法嗎？不能讓學生廣泛的閱讀，不僅不能開闊視野，增加見識，更重要的是不能培養讀書的興趣，無興趣如何能夠培育出讀書種子，如何能夠造就有境界、有品位和面目可愛的人才呢？針對這種狀況，林語堂提出如下幾種教育方法：一是建立好的圖書館，從而爲學子們提供精神食糧的基地。林語堂曾對哈佛大學的圖書館藏書羨慕得不了得，那時他才悟到一向在大學的損失。（《在學校的生活》）爲此，林語堂甚至有這樣的奇思妙想：學生一入學，將其學費收集起來去購買圖書，然後讓學生在圖書館裡隨意亂翻，這樣四年下來，肯定收益甚於老師的「灌水法」，而且學生畢業後還可將書發給他們。二是改變老師提問學生回答的傳統教學法，代之以學生提問老師回答的新方法。林語堂認爲，這種方法肯定很多老師都會被問倒的，那將是熱鬧有趣的事情。其實，在中國古代都是學生問老師，而不只是老師問考學生。《論語》一書不是門徒向孔子求問嗎？林語堂說問疑是一切學問的動機，孔子門人發問遠遠超過孔子問門人，這就很能說明問題。三是熏陶式教學。林語堂強調浸泡和陶冶，即學生在與老師與書本的不斷接觸、融合中，慢慢就將學問的興趣熏染出來了。林語堂甚至強調「抽煙」對學問的重要性，他以李格教授的話說：「凡人這樣有系統的被人冒煙，四年之後，自然成爲學者。」「如果他有超凡的才調，他的導師對他特別注意，就向他一直冒煙，冒到他的天才出火。」「被煙氣薰的好的人，談吐作文的風雅，絕非他種方法所可學得來的。」而中國教育的弊端往往在於：談學時不吸煙，吸煙時不談學。換言之，看書時不自由，自由時不看書。（《吸煙與教育》）四是閒適式教學。我們的教育體制往往在學校讓學生不得閒暇，不能讀書，回家後又布置一大堆作業，讓學生永遠不得安閒，有的直至深夜仍不能完成作業，如此教育怎樣能培養出天才？即使是天才也會給弄成愚人的。所以，怎樣爲學生解除負擔，下課後讓學生能夠好好戲玩，認眞鍛鍊身體，使他們恢復體力、精力和心力，那是最爲重要的。這就好似魚網要打魚必須有空隙，要打大魚，必要有大空隙是一樣的。

林語堂還強調學生打好中國文化根基的重要性，沒有中國文化之根而一味吸收外國文化，那結果是不堪設想的。因此，他在美國期間，女兒們除了學西文和西方文化，一定學習中文和中國文化，因爲不能忘記自己是中國人。對出國留學，林語堂表示說，青年人仍應該在國內接受基本教育，最低是讀完大學再出國。否則缺乏對異國文化的鑒別能力。

林語堂心目中的理想教育是：怎樣啓發學生的求知之欲；怎樣鼓勵其深思好學；怎樣予以發揮天才之自由；怎樣教導學生以學問爲對象，不以學分爲對象；怎樣得讀書的樂趣，運用學生的理智；怎樣使學校與廣大的社會人生發生關係；怎樣避免使學生『個個畢業』而未受教育？怎麼讓學生懂得人生，怎樣讓學生好好做人。在林語堂看來，這些才是建立新式教育的出發點。顯然，林語堂的教育思想是立足現實，偏於理想，重視未來的。

四、《紅樓夢》研究和大詞典編撰

林語堂曾倡導過「努力工作，盡情享受」的人生觀。在陽明山幽居時的閒適享受只是一方面，另一方面則是努力地工作。工作是林語堂一生的追求，在中國現代作家中很少有如林語堂這樣一生筆耕不輟者，我們彷彿感到林語堂有著工作的狂熱，有著「拚命三郎」的奮鬥精神。在編輯《論語》，創作小品文期間是如此，在創作《吾國與吾民》、《生活的藝術》和《京華煙雲》時也是如此。現在，雖然七十多歲了，林語堂仍然雄心勃勃，欲全力以赴幹出一番新的大事業。

《紅樓夢》是林語堂最爲喜愛的經典著作之一，他在寫《京華煙雲》時深受它的影響，回到台灣後又經不住它的誘惑，開始投入到《紅樓夢》研究的工作中。在這期間，林語堂在與會見的人交談時，談得最多也是最熱烈的是《紅樓夢》，研究最爲用力的也是《紅樓夢》。很快林語堂就寫了十多篇有關紅樓夢的研究文章。一時間，林語堂又成爲《紅樓夢》的研究專家。這是林語堂來台灣後的一條重大新聞。

林語堂研究《紅樓夢》比較注重版本問題。對此，他不同意胡適等人認爲《紅樓夢》後四十回是高鶚僞作，而認爲後四十回曹雪芹是有殘稿的，即使是高鶚續作，也是有曹稿爲依據的。其理由是：後四十回裡諸人物的性格不但與前八十回首尾連貫，天衣無縫，且在性格上還有發揮和深入。若無曹氏的殘稿爲依據，反能使灰蛇重見於千里之外，便是奇蹟，這爲古今中外文學史上所沒有的事情。如果眞是高鶚補續了《紅樓夢》的後四十回，那麼高鶚的才華豈不高於曹雪芹了？由於長期以來對高鶚的批評與否定較多，而對他的功績忽略了，所以林語堂認爲高鶚之功是不可沒的。如果沒有他的整理和修補，那麼，我們今天不但看不到文字清順通暢的《紅樓夢》，就是完整的《紅樓夢》也難以保存下來的。

關於女性問題是林語堂關注《紅樓夢》的一個重要的切入點。衆所周知，中國現代新文學的一個中心命題是女性解放問題，所以作爲中國新文學的代表作家之一，林語堂不可能不關注《紅樓夢》中的女性問題。問題的關鍵是如何地關注？第一是女性崇拜思想。林語堂雖然不認爲《紅樓夢》中的女子沒有一個是理想人物，而是都有瑕疵的，但比起男子來卻都是美好的。寶黛二人不論，即是對讓許多人討厭的襲人，林語堂也是另眼相看。他說：「我認爲襲人之行爲人品，比大觀園任何男子還強。何以《紅樓夢》的男子，都那樣不行，都是泥做的（賈政在內，賈赦賈璉，更不必說），這又是話外。」（《論晴雯的頭髮》）第二是對女性的對比研究。像寶釵和黛玉、寶釵和襲人、黛玉和晴雯等都是這樣。通過對比的方法，不僅可以分辨不同女性的不同性格，同時也可以更細緻地體味每個女性的複雜性格。第三是對女性性心理的分析。林語堂以妙玉為例，說他極不喜歡這個色情狂的小尼姑。她的潔癖，她對劉姥姥的嫌惡，她的調情，都令林語堂覺得小尼姑的虛偽與無知。「女性」是林語堂研究《紅樓夢》使用最多的一個關鍵詞，其透入點也是非常獨特的。

林語堂還指出《紅樓夢》人物性格的複雜性。就是說瑜中有瑕和瑕中有瑜，這才是眞實和有生命力的。比如在《平心論高鶚》裡，林語堂這樣說：「《紅樓夢》寫來，黛玉、晴雯、寶釵、襲人都有短處，不是十全十美的人，而其所以成為活潑潑的人物，就在此點。其中大觀園諸姊妹及丫頭，行為人品都有可佩服之處，但同時各人也有私心，襲人為襲人自己打算，探春為探春自己打算，紫鵑為紫鵑自己打算，惜春為惜春自己打算。結果，雪芹寫來，《紅樓夢》無一壞人。」站在這一基點，林語堂認為無所分析地用道學家的酸臭觀點來評價《紅樓夢》中的人物，那就不足為據了。

總之，林語堂的《紅樓夢》觀可能帶有一些非常個人化的極端見解，有些結論可能過於異想天開，也未必能夠令人信服，但是，林語堂對《紅樓夢》後四十回的考證，對高鶚的高度贊揚，對女性的透視，對人物性格複雜性的關注等，都是在《紅樓夢》研究中有意義的探索。尤其聯繫林語堂一生深受《紅樓夢》的影響，來探討林語堂晚年對《紅樓夢》的深度痴迷，這恐怕是一件非常有意義的工作。換言之，《紅樓夢》爲什麼能夠吸引晚年的林語堂等人，這意味著什麼呢？在包括林語堂在內的二十世紀中國作家裡，爲什麼會形成如此強烈的《紅樓夢》情結呢？其中的意味是深長的，值得研究者認眞的探討。

林語堂曾寫過一篇《讀書的藝術》，其中反映了他不願意刻板讀書，而喜歡隨緣讀書的觀念。那就是反對所謂必讀書，他提出：天下本來就沒有什麼必讀書和不可讀的書。他往往喜愛讀最上流和最下流的書，而不喜歡讀第三流的書。在他看來前兩種是屬於源頭的，是有創造的，而後一種則是因襲或抄襲的。至於讀書的方法，林語堂也講究隨意自然。但是，林語堂讀書並不是完全隨意的，他還有非常規矩的一面，那就是非常重視字典等工具書。所以，在林語堂的書桌上總是有各種參考書。與此相關的是，林語堂一生一直重視工具書和參考書的編撰。到了晚年還是這樣，七十多歲了林語堂於一九七六年春天開始了一項更大的計劃：著手編撰一部更有價值的《當代漢英詞典》。林語堂這樣看這部大詞典的地位和價值：「這是開山的工作，前人華路藍縷之功，我們後學乃受其賜。所以我方敢夢想做一本更合時代的漢英詞典。」

在隨後的幾年裡，林語堂全力以赴地投入到這項工作中，其中的甘苦只有林語堂自己知道。他常常是每天工作高達十個小時左右，這時的林語堂如同一個寫作業的孩子，坐在書桌旁，用手將每一個字詞的英文意思寫出來。在外人看來，這是多麼無聊而死板的工作啊！但是林語堂卻做得有滋有味，一絲不苟，足見他的強烈的敬業精神、責任心和驚人的耐力！但可能正是因爲工作太辛苦，年歲又大了，所以，有一天林語堂病倒了。醫生診斷是「中風初期症」。林語堂不得不休息了兩個月，出院後他放慢了進度，直到完成了這部大詞典他才眞正的鬆了一口氣。這部詞典共有約一千八百頁，於一九七二年以《林語堂當代漢英詞典》的書名由香港中文大學出版社出版，它成爲林語堂語言學研究的一項重要收穫，也是林語堂一生寫作的一個總結。就是在漢英詞典領域中也有其不可替代的特色。可以說，這部詞典以其宏大、系統、簡明、準確和實用深受讀者的喜愛，直到今天仍有不可忽略的參考價值。

五、長女之死

林語堂的大女兒如斯生於一九二二年，她是父親在德國獲博士學位後回廈門時母親生的。據說當時母親很難產，母女倆差點都送了性命。如斯乳名叫鳳如，家中人還叫她阿黛。從長相上看，如斯非常像父親，那清秀的臉龐，靈氣的眼眉、眼睛、鼻子和嘴巴如同活畫，從中可以感到如斯承繼了父親那驚人的才氣和悟力。據說，如斯在學校總考每一名。只是那略帶抑鬱的神情與父親的微笑達觀有些不同，這可能是如斯的一個性格缺點。應該說，如斯的才氣在其一生中未能得到充分發揮，就好像一千里之馬未曾遇到讓它縱橫馳騁的疆場一樣，但透過她那篇《關於〈京華煙雲〉》，人們又分明感到如斯的才情。這是較早充分肯定林語堂《京華煙雲》的一篇評論，如斯直言《京華煙雲》會「成爲現代的中國的一本偉大小說。」「此中的最大優點不在性格描寫得生動，不在風景形容得宛如在目前，不在心理描繪的巧妙，而是在其哲學意義。」「或可說，『浮生如夢』是此書之主旨。小說給人以一場大夢的印象時，即成爲偉大的小說，直可代表人生。」這是很有見地的，因爲當年生於富貴之家、美如仙女的姚木蘭經歷了人生的坎坷、困惑和選擇後，甘心變成一個村婦，勇敢而忍苦地過幽雅的山居生活，如同偉大民衆大海的一滴水，那就會令讀者有一種頓悟，即人生若夢。如斯此文，非一乾燥理性之文學批評，而是充滿深情和悟力的，就是在筆法上也頗有乃父之風。僅就筆法言，如斯講氣勢，重比擬，追求平易通暢、文雅自然、靈性充盈的表述方法，很有魔力。

如斯也是一個很有個性的女孩子，這一點也很像林語堂。有兩件事可以說明這一點：一是一九四〇年林語堂回國宣傳抗戰，但國內對他的誤解甚多，無奈林語堂只得決定立即再去美國。對於父親的決定，如斯很不理解，她說寧肯與全國人一樣受苦受難，也不能去美國享福。她還決定自己留下來爲抗戰服務，怎麼也不隨從父母到美國去。爲此如斯還寫出了一部重慶見聞錄《重慶風光》，於一九四〇年出版。雖然女兒與許多人一樣，不理解父親何以不留下來與中國人民一致抗戰，但其愛國熱情，其獨立特行的性格多麼像父親林語堂！還有如斯的婚姻，他與外國人狄克戀愛，父親不同意，因爲林語堂覺得中國人與外國人在觀念、感情和審美等許多方面不一樣，要獲得婚姻的成功是不容易的。爲了表示反抗，如斯就私奔逃婚，這在當時的美國引起了軒然大波，爲此林語堂深受刺激。然而，這還不是最大的問題，很快的如斯同狄克離婚了，並且這一次對如斯的打擊非常之大，她簡直到了痛不欲生的程度。爲了不再受到精神刺激，如斯不聽父母向狄克索要贍養費的勸告，決與狄克斷絕往來。在以後的生活中，如斯的精神完全被這場婚姻擊垮了，她變得抑鬱不樂，總是一個人沉入深深的苦悶之中，豐富、美好而充滿光芒的世界再也不屬於她如斯的了，眼前陰暗一片。更可怕的是失眠、恐懼和焦慮症候不時地襲擊著林如斯，每到這個時候，她就更是沒有一點生活的樂趣可言。爲此，林語堂與妻子很擔心，林語堂經常開導女兒，讓他培養樂趣，多看前面的光明，但這些努力都無濟於事。一九七一年，在將自己的心力耗盡之後，如斯在她工作寄住的台灣故宮博物院上吊自殺了，就如同油盡燈枯的一盞燈，林如斯的生命完全熄滅了。

按理論來講，作爲林語堂的女兒，不管從哪個角度講，如斯都不該是這樣的，都不應該被生活的困難、苦難打倒，都不應該以這樣的方式書寫這樣「灰色」的歷史，但事實卻就是這樣，這是值得深思的。儘管悲劇發生的原因可能很多，但主要的恐怕還是「性格」，因爲性格有時確實對命運有較大的影響。值得一提的是，如斯和父親在愛情生活上的相似性。林語堂當年對陳錦端的感情也是如火如荼，也面臨著失戀的滅頂之災，甚至在遭受打擊的力度上也是一樣的，都是「痛不欲生」。然而，與女兒不同的是，林語堂站了起來，以堅如磐石般的意志擺脫了以往的失敗感，也從此開始走上一種全新的生活。更重要的是，失戀之於林語堂並沒有成爲一個陰影，更沒有改變他生活的勇氣與信念，相反，它倒成爲一種動力，一種成就事業、獲取生活的智慧的源泉。林語堂作品中那些感傷而又溫情的描繪，那些苦中作樂、笑看世界和人生的智慧之論，那一份寧靜、沉思與嚮往，恐怕都與失戀給他的「惠贈」有關。然而，如斯卻從婚姻中一無所獲，甚至有強烈的「中毒」現象。

如斯的婚變對她本人對林語堂的家庭都是影響深重的，如斯的提早向這個世界告別，對林語堂夫妻來說那無疑如晴天霹靂，使他們的靈魂受到強烈的震動。林語堂的二女兒林太乙說：「姊姊掏去了他的心靈。」（《念如斯》）如斯在自殺前留下的遺書是這樣寫的：「對不起，我實在活不下去了，我心力耗盡了。我非常愛你們。」也許如斯早就想到自殺，如在婚變之後，也許是她對父母的愛使她延遲了時間，一直又拖了二十多年，也許在與父母的生命比賽中，他認爲自己實在不能與父母相比，只有忍痛告別她非常愛的父母，自己先一步走上通往地獄的荒蕪之路，這一事件確實有著耐人尋味的豐富內容。

林語堂夫婦頗爲疼愛長女如斯，廖翠鳳將如斯視爲心肝寶貝，而林語堂認爲如斯在許多方面繼承自己的特長，希望她能繼承自己的衣缽，但如斯卻事與願違，還是先走了一步，讓白髮人來送黑髮人。對如斯之死，林語堂無法表達自己的傷悲，他做了一首詩《念如斯》，從中可見林語堂的傷情。這首詩這樣寫道：「東方西子，飲盡歐風美雨，不忘故鄉情獨思歸去。／關心桑梓，莫說痴兒語，改妝易服效力疆場三寒暑。／塵緣誤，惜花變成摧花人，亂紅抛落飛泥絮。／離人淚，猶可拭。心頭事，忘不得。／往事堪哀強歡笑，彩筆新題斷腸句。／夜茫茫何處是歸宿，不如化作孤鴻飛去。／」林太乙說，姐姐如斯死後，母親廖翠鳳失了光采和精神，長久不說不一句話，吃得也很少，連見了外孫也不笑了。掛在嘴上反覆說的一句話就是：「我話著幹什麼？我活著幹什麼？」林語堂也是這樣，他就好像失了最爲珍貴的東西一樣。也是在此時，林太乙問父親：「人生什麼意思？」林語堂的回答是：「活著要快樂。」林語堂自己一生活得快快樂樂，像一陣清風飄過，但他可能怎麼也想不清楚，爲什麼自己的女兒不能得到快樂呢？

六、與世長辭

長女林如斯的自殺對林語堂的打擊是毀滅性的，從此以後林語堂的身體直線下降，開始出現老態了。他走路需要手杖幫助，記憶力也漸漸減退，反應也較以前緩多慢了。他一個人坐著的時候常常陷入沉思或出現恍惚的神情。此時的林語堂還常常一個人落淚，尤其是在風和日麗的時候，在孩童天眞快樂的歡笑聲中，在鳥的鳴聲和聖誕節日的頌歌裡，林語堂總是禁不住老淚橫流。他還常常自言自語，不知所言爲何？此時的林語堂外貌也出現老態：頭髮開始變得稀白，後腦勺出現微紅狀，身體瘦削，手指纖細乾長，只有那雙林語堂反覆贊美的雙腳還顯出青春的活力。

一九七五年四月，蔣介石崩逝，林語堂聽到這個消息跌倒在地，起來後很久沒有說話。十月十日是林語堂的八十八大壽，各方面名流爲林語堂祝壽，氣氛非常熱烈，但林語堂本人的反應卻比較平淡。越是到了老年的最後一站，林語堂越是深刻地感到生命的寶貴和對這個世界的留戀之情。他曾在《八十自述》裡表達了這種生命意識，他說：「自然韻律有一道法則，由童年、青年到衰老和死亡，一直支配我們的身體。優雅的老化含有一份美感。」「生命，這個寶貴的生命太美了，我們恨不得長生不老。但理智告訴我們，我們的生命就像風中的殘獨。壽命使大家平等如一——貧富貴賤都沒有差別。」「朋友愈來愈少了，很多人都離開我們，長眠地下。最好的友伴也不可能生生世世在一起。我們死後，功過將留存世間。無論毀譽，我們都聽不到了。」可以說，在《八十自述》中閃現著林語堂的人生和生命智慧之光，其絮語式的文體充滿著呢喃的溫煦和太陽光似的撫慰。

林語堂在爲人所做的序言中寫下這樣的話：「我喜歡中國以前一位作家說過的話：『古人沒有被迫說話，但他們心血來潮時，要說什麼就說什麼；有時談論重大的事件，有時抒發自己的感想。說完話，就走。』我也是這樣。我的筆寫出我胸中的話。我的話說完了。我就要告辭。」這彷彿是林語堂在與這個世界告別。不久，林語堂大量吐血，突發心臟病。被送醫院後立即進行搶救，但心臟停止後又恢復了跳動，這樣一連持續了九次，最後終於放棄了生命。這是一九七六年三月二十六日晚十時十分。林語堂享壽八十一歲。

林語堂逝世後，台灣各界及其世界各地許多人紛紛撰文紀念這位二十世紀的著名作家、學者和文化人，並給予很高的評價。認爲林語堂是二十世紀偉大的作家、學者，也是中西文化溝通的一大橋樑，是了不起的蓋世奇才。不論這些評價是否公允，但林語堂在二十世紀所到得的成就和做出的貢獻恐怕是不可忽視的，值得研究者好好地去探討。